TAP

Unlocking the Mobile Economy

点击

解密移动经济的未来版图

[美] 艾宁德亚·高斯（Anindya Ghose）著　文苑 译

中信出版集团 · 北京

图书在版编目（CIP）数据

点击：解密移动经济的未来版图 /（美）艾宁德亚
· 高斯著；文苑译 . -- 北京：中信出版社，2018.3

书名原文：Tap:Unlocking the Mobile Economy

ISBN 978-7-5086-8680-6

I. ①点… II. ①艾… ②文… III . ①移动电子商务
－经济学－研究 IV . ① F713.36

中国版本图书馆 CIP 数据核字（2018）第 040314 号

点击——解密移动经济的未来版图

著　　者：[美] 艾宁德亚 · 高斯
译　　者：文　苑
出版发行：中信出版集团股份有限公司
（北京市朝阳区惠新东街甲 4 号富盛大厦 2 座　邮编　100029）
承 印 者：北京通州皇家印刷厂

开　　本：880mm × 1230mm　1/32　　印　　张：9.5　　字　　数：166 千字
版　　次：2018 年 3 月第 1 版　　印　　次：2018 年 3 月第 1 次印刷
京权图字：01-2017-9325　　广告经营许可证：京朝工商广字第 8087 号
书　　号：ISBN 978-7-5086-8680-6
定　　价：46.00 元

推荐序

艾宁德亚·高斯先生是著名的营销学专家，在美国出版过多本畅销书，他一直致力于研究互联网经济，尤其是对移动经济时代的研究颇为深刻。正如高斯教授在本书中所述，在移动经济时代，营销正处于革命中，要更好、更智慧地利用智能手机服务企业，服务追求价值的消费者。这与滴滴的初衷不谋而合，滴滴的发展本质上就是坚持为用户创造价值。

在滴滴发展的早期，有过多种移动营销方式。滴滴与快的在合并之前，是中国市场上排前两位的移动智能叫车服务公司，双方有着长时间、高强度的竞争。竞争在产品技术、市场推广、移动营销等多维度展开。滴滴率先发起的“打车红包”营销方式成为经典，帮助滴滴短时间内积累了大量的用户。从某种程度上看，在中国移动支付兴起的过程中，以滴滴红包为代表的新移动营销方式起到了不小的推动作用。

正如高斯先生在本书中所说：“移动营销有天然的优势。”随着人类进入数字化时代，移动技术正在深刻改变人们的生活方式。在全球范围内，技术正在快速推动创新，而营销亦是如此，它同样正随着技术的推陈出新而不断进化。这种天然的优势将愈加明显。

以滴滴为例，我们就在运用大数据驱动的深度学习技术，持续提升用户出行体验。基于海量的历史数据，我们可以通过大数据机器算法向用户推荐最佳上车地点；构建智能模型，在用户打开软件时，就迅速地为他推荐最可能前往的地点。只有基于大数据的营销方有价值。

高斯先生在本书中高度评价了人工智能在未来移动经济领域的无限可能。滴滴正是一家广泛应用人工智能的科技公司。当前，滴滴每天完成数千万个订单，在高峰时段，每秒完成600个订单，这一组令人激动的业绩数据离不开人工智能的助力。我希望，智能时代的营销也能充分利用人工智能的推动力，使营销手段既能为企业增加效益，更能成为用户选择高价值服务的重要依据。

最后，我希望这本书中文版的出版，能引发国内关注移动营销的研究者和从业者从更深层次去思考与实践。让营销成为科技行业良性发展的助力，促进企业为用户创造更多的价值。

程维

2018 年 3 月

自序

想象在未来海滩边的一个场景：父母要孩子在手腕上佩戴手环，如果孩子超出了父母设定的区域，手环的移动应用程序就会报警。抑或想象这样一个未来：一个人第一次到一个城市去旅游，他不仅能立即找到喜爱的食物、俱乐部、酒吧和商店，也可以接收到定制的广告，欢迎他去消费；或者在未来，在消费者出门购物前，商家主动向她推送优惠券，而在此之前，她自己都不知道会出去买东西；抑或在未来，你不再需要翻看广告目录，假想某件货品买回来放在家里是什么样子，你可以登录互动平台，将货品放在你的虚拟房间中，你只需要在移动装置中安装相应的应用程序和摄像头。

这样的未来已经到来。事实上，现实早就如此，甚至都感觉像昨天了。上述的例子并不是科幻小说中的情节。当你读到这里的时候，企业正在改进已存在的现实。[1]

技术的进步使得我们的生活更加高效而有趣。技术最大的化身就在我们手中或者口袋里，那就是智能手机。智能手机不再只是一个设备而已。2015 年，移动生态占据了全球 4.2% 的 GDP，相当于创造了 3.1 多万亿美元的经济增加值。[2] 易趣（eBay）的前首席执行官（CEO）约翰·多纳休（John Donahue）将移动设备称作“消费者生活的中央控制系统”。[3] 这种时刻在线的生活方式无处不在，以至我们都觉得是理所应当的了。但是，很多人说对手机产生情感和精神依赖都是我们自己的选择。是这样吗？

写作本书的动机

我为什么要写这本书？在 2009 年年底、2010 年年初的时候，我第一次听到这样的说法：“我们生活在智能手机和愚蠢人类的时代。”我当时觉得很有意思，这同时也激发了我的兴趣。我感兴趣的不是智能手机最终对人类智力的影响，而是它如何越来越成为商业情报的绝佳来源。我的直觉告诉我，智能手机的影响一定是深远的。但是，我渴望得到具体的证据。智能手机的水晶屏能够成为商业组织预言未来的水晶球吗？我迫切地想要找到答案。

因为想要获得智力上的满足感，在斯特恩商学院和宾夕法尼亚大学沃顿商学院期间，我展开了持续多年、涉及多个国家的研究项目，力图理解移动经济的潜力。在卡内基梅隆大学读博士的时候，我就对互联网和其他数字技术迅速改变市场和产业的方式非常着迷。2004—2009 年，我还是一个年轻的研究者，好奇心促使我开始踏上研究互联网商务、深钻社交和电子媒体的旅程。然后有一天，我就碰到了上述关于智能手机的言论。我于是想到，移动手机可能会成为迄今为止改变商业和社会的最大影响力来源。

2009—2016 年，借助研究项目、产业咨询工作和关于移动经济的其他任务，我到过许多国家——巴西、加拿大、中国、法国、德国、印度、意大利、荷兰、韩国和英国——去探索消费者用智能手机做什么，以及商业组织如何运用此知识去改进产品和服务。

我震撼于世界各地的消费者移动手机使用行为的相似性。我一度认为在西方和东方之间，在北美、欧洲和亚洲之间，消费者在移动设备上和品牌互动的方式一定会有不同，毕竟，这些地方的文化差异很大。但是，我并没有发现很大差异。智能手机迅速、全面而永远地改变了人们对于商业的需要和期待。人们愿意和商业组织交换自己的信息以换取可以给他们带来具体价值的相关提议。但是，这种方式必须能够让消费者对商业组织运用他们的信息感到放心。因此，商业组织有了为消费者创造价值的极佳机会，赢得信任并且借由在移动设备上与消费者的互动建立关系。这不是一次性的事件，而是一段旅程。

随着研究项目的推进，在和同事以及学界思想领袖互动的过程中，我获益匪浅。在世界各地提供咨询并与高级管理人员和初创公司创始人进行交流的过程中，我学到了太多的东西。在为许多全球管理课程任教期间，我从来自五湖四海的学员身上获得了宝贵的智慧。在进行许多主题演讲期间，我得到了许多领域专家的指正，这些反馈是必不可少的。在这些会谈和讨论中，我不断地从观众那里听到有着共同主题的类似问题：什么因素影响了移动营销？它们如何塑造了移动经济？我们怎样发掘移动营销的巨大潜力？

我随即意识到，人们都饱含热情地想要看到这样的一本书——一本以整合的方式总结现有学术研究的书。这是一个不小的挑战。这本书既要构筑在同行审阅的学术文章基础之上，包含学术科学的精髓，同时书写风格也要有趣、亲和。我也意识到，我们学术研究的重要发现不能因为翻译语言或者技术术语而显得语焉不详。所以，我的目标就是清楚无误地把过去十年最令人吃惊、有说服力、有洞察力和具有操作性的发现呈现在本书之中。我希望各位读者觉得这本书通俗易懂。

书名的起源

消费者点击智能手机，滑动屏幕，这些动作会留下数据痕迹。商业组织可以点击（即利用）这些痕迹预测消费者的喜好，并且为我们发送各种含有提议的广告。“点击”这个具有双关意思的词就成为本书的书名。这种双向的沟通创造了一种亲密和连接感。当一则广告适时地冒出来，而且帮了你的忙，我相信你肯定有一种振奋的感觉。我们只认为这是巧合、因果关系、运气或者命运。但是想象一下，如果这种感觉更频繁、更稳定地出现，却不是什么因缘巧合或者运气，而是基于数据，事先预备好，为你量身定做的。这就是我要在本书中描述的世界，一个我们应该感觉舒适而又兴奋的世界。

如今，消费者接触到泛滥的广告信息，要么不相干，要么累赘不堪。之所以这样，是因为企业通常都没有掌握消费者偏好的数据，所以广告也不能直击要害。因为信息的缺乏，消费者在数字世界里被不相关的广告和信息疲劳轰炸。从企业的角度来看，这就像扔飞镖，期望能够击中公牛的眼睛（也就是通过广告吸引消费者的参与）。结果怎样呢？广告频率太高，信息又并非有的放矢，消费者就感到厌恶了。

好消息是，移动经济的巨大潜能可以打破这种恶性循环。本书展示的就是在移动和数字设备上，一旦品牌能够获取并且掌握消费者喜好的数据，就能够发送恰当而不流于形式的广告信息。这些以数据为支撑的证据让我深信我们可以创造让公司和消费者双赢的现实，这无疑令人感到兴奋。

本书能给你带来什么

对于从事营销、广告、媒体的职业人士和靠数据做商业决策的管理人员，掌控移动数据的力量和向消费者传递价值的过程不是一件容易的事情。本书的目标之一就是拨开移动经济的面纱，剔除不确定性。本书的看法和观点来自一些开创性的研究、先进的案例研究和受启发而做的实验。这些发现将帮助媒体管理人员、营销人员、广告商、技术人员、分析师、现在和未来的创业者、商科和经济学的学生、数据专家、跨部门管理人员和政策制定者了解移动经济。本书会帮助他们把控移动经济不同方面的力量，让他们的公司、组织和客户获益。本书会让他们了解人们的移动电话使用行为背后的心理机制。在企业挖掘目标客户的潜力时，读者和客户都将慢慢习惯日渐紧密的连接和关系，并学会找到平衡。他们将会读到可以利用的九大力量，不管是单独使用还是合并利用；以及移动渠道不仅仅将转变为提高参与度和客户满意度的高效平台，也可以增加收入和利润。

如果你是负责品牌推广、营销、媒体或者广告决策的人士，本书将向你揭示：现在正是抓住智能手机全球风靡的时机。当你面临移动经济中前所未有的机会，本书的见解将助你一臂之力，解决消费者表现出来的几大矛盾的行为，同时给消费者带来惊喜。本书描述了移动营销背后的真正力量：施加给购物者的影响力，影响力背后的行为和经济驱动因素，影响力带来的获利机会，以及在这些见解的基础之上该如何重新思考营销策略。你的营销工作可能涉及电信、零售、金融、保险、接待、电子商务、医疗、制造业或者任何其他领域，本书会拓展你对塑造数字经济的移动生态的理解，理解如何参与到这股大潮之中，理解未来会是怎样的场景。你会碰到一些新的概念，这些概念会成为帮助你将自身移动战略效果最大化的切入点。本书将带你启程，与各领域的专家进行有意义的对话。

最后，本书本质上是关于人类行为的。如果你想了解在移动经济中社会心理学和商业经济的交叉互动，本书就是很好的选择。如果你有感于移动手机的最新创新技术使得企业能够发掘各种机会，本书也会让你满意。

智能手机：你的私人管家

如今，许多商业组织通过在数据中寻找模式，在不同点之间寻找关联，在客户走进大门之前就能够了解他们。消费者的移动装置传递的数据广阔而丰富，如今的营销者能够做的事情是20世纪的同行没办法想象的，甚至几年前做梦都想不到。然而，时至今日，在这个21世纪快过去20年的时刻，营销者才刚刚开始抓住机会直接接触消费者，向他们推送即时即刻令人难以拒绝的广告，与他们互动，这些都使得数字广告看起来更像是有用的服务。目前，智能手机还没有转变为我们的私人管家。虽然营销者还没有掌控甚至完全理解移动营销的力量，但是我们现在就可以将它变成大家共享的现实。

相比其他形式的营销和广告——从直销、电视广告到印刷广告、弹出广告和搜索引擎，移动营销的效果是它们无法企及的。移动广告拥有其他广告形式的所有优点和少数缺点，同时也有自己的特点和功能。数字世界的事实是：大多数人觉得广告很讨厌、让人窒息或者具有侵入性，他们讨厌不相关或者累赘的广告。所以，我再怎么强调纠正这个问题对于商业组织是极大的机会都不为过。如果操作得漂亮，移动电话就可以使广告成为消费者愿意参与的有价值的服务，而不是消费者想要避开的麻烦和讨厌的事情。商业组织需要创造一个未来，在其中，移动设备可以成为消费者的私人管家。

打造未来

毋庸置疑，这样的未来的起点是数据。随着越来越多的消费者赋予智能手机力量，并且让它收集信息，智能手机就越能更好地为他们效力。未来成为现实的前提是，企业要有想象力、创造力，而且从消费者那里获得数据的方式要保持透明。在这方面的最佳案例之一是：脸书（Facebook）允许用户反馈哪些广告是相关的。该工具的名称是广告偏好（Ad Preferences）。[4]脸书上的每则广告都可以接入这个工具，消费者看到特定广告的原因也会被显示。更加重要的是，该工具允许用户增加或者去掉脸书用于向他们显示特定广告的偏好。这实质上是让人们更加能够控制自己看到的广告。

打造这样的未来需要利益交换，有一些消费者是不太情愿的。其他一些消费者允许商业组织拥有并且使用他们的数据，只要它们提供有价值的东西来交换。图 0 - 1 展示了消费者和企业分享的亲密信息。消费者的期待是企业能够运用这些信息使他们的生活更加容易和有趣。亲密伴随着脆弱，所以，消费者在维持亲密关系的同时，也要很小心。不断增加的数据自然给个人隐私带来了更大的风险，不是所有通过智能手机交换的信息都是有益处的。移动设备储存的信息包括信用卡、银行信息、旅行模式和其他敏感信息，比如家庭地址。商业组织越来越将消费者数据视为资产，当然，这样做完全没错，但是，如果数据落入不法之徒手中，它就变成了负担。在搜索引擎里输入“数据泄露”，结果是主要商家和服务提供商的详细记录。

图 0－1　消费者和品牌商以及零售商分享的数据类别

资料来源：改编自菲尔·亨德里克斯（Phil Hendrix）所著《参与堆栈》（*The Engagement Stack*），“由数字营销平台 Brandify 赞助的白皮书”。

具体操作的关键词是“平衡”。对于试图接触智能手机用户市场的企业来说，移动渠道更加即时，更具价值且潜力更大。为了获得与消费者建立并维系个人关系的权利，公司需要在收集数据的时候保持警惕，为消费者和公司自身争取双赢，并且保护数据不被旁人窃取。同样的道理，在还没有能力从信息中创造更大价值之前，公司需要谨慎行事，不要问消费者太多问题。

这种类型的营销才刚刚开始。公司不能冒险打破关系、伤害信任。商业组织应该感动的是，越来越多的用户并不反对广告本身。他们反对的往往是有侵入性的品牌，而且有时候这些品牌有强买强卖的倾向。[5]

公司如何挖掘用户的行为模式，进而给消费者带来惊喜呢？它们又如何只推送让消费者生活更高效并减少搜索成本的广告呢？它们怎样给予用户相关的选择而不只是最多的选择？它们如何收集和使用日益增加的消费者数据，但仍旧能够保证对数据的保护呢？

在本书中，我认为公司需要不断地和消费者合作。但是，它们也需要广泛而深入地发现（加上想象力和创造力），如何从移动营销活动中创造最大的价值。

章节简介

第一部分

在第一部分的章节中，我描述了移动手机是如何促使消费者看到并理解人类行为的许多方面，举出了十分具有说服力的案例：我们如何互动、如何购物，我们的习惯是什么，以及公司如何使用这些见解和数据为消费者和自身造福。这些为之后的分析打下了基础。

如果你对我描述的未来感到习惯并且为此感到兴奋，那么你需要自省。不管怎样，人类本身就有些天生的怪癖，让我们行为不理智，而且陷入明显的矛盾行为之中。从移动广告的角度来讲，在我们想要的（或者认为我们想要的）和我们的行为之间有以下四大基本矛盾：

（1）人们寻求随性自然，但是他们的行为是可以预计的，而且他们也重视确定性；

（2）人们讨厌广告，但是又害怕错失信息；

（3）人们想要选择和自由，但是又很容易因为有太多选择和自由而不知所措；

（4）人们想要保护隐私，但是又越来越多地将个人数据当作货币使用。

为了缓解这些矛盾带来的压力和烦躁，我们需要找到一种令人满意的中介，一种平衡。对于商业组织的挑战在于，在让消费者完全掌控和为他们提供最佳信息使其做出决定之间找到正确的平衡。在如何以最佳方式提供信息，影响消费者决策方面，有九大力量相互作用：场景、位置、时间、显著性、拥挤度、历史购物模式（“轨迹”）、社会动态、天气和技术组合。将所有的力量都记住似乎是个艰巨的任务。但是，随着移动生态日益复杂，作为生态系统缔结组织的技术日益发展，商业组织得以实时按需向消费者提供预想的、真实的价值。

第二部分

在20世纪90年代，零售商凯玛特（K-Mart）采取另一个营销策略，吸引购物者立即走到商店促销活动现场。一位员工将蓝色的灯（类似于警灯）安装在高于货架的柱子之上——放在打折商品旁边，打开，然后通过公共广播系统在店内通知。从此，“注意！凯玛特的顾客”这句话成为美国人的日常用语。蓝灯促使商店里的消费者在头脑中回答一系列问题并做出短期决定（有意识或者无意识）：灯离我有多远？什么东西在打折？我需要吗，现在需要吗？我赶不赶时间？我手上的现金够不够？我今天来凯玛特是要买什么？折扣力度有多大？

进入21世纪，消费者在面对激励措施的时候，会思考同样的问题。消费者看见促销短信和看见郊区凯玛特走道里的蓝灯时的思维过程是一样的。营销者现在有数据——海量的数据，他们可以运用这些数据指导消费者的决策。第二部分的章节讨论驱使消费者做出购买决定的九大力量：场景、位置、时间、显著性、拥挤度、轨迹、社会动态、天气和技术组合。探讨放在口袋中、好多人都离不开的手机如何将九大力量整合到一个强有力的平台上。虽然，人们拥有手机技术的时间并不长，但是，我们已经得出了一些原则、战略和策略，帮助我们了解这些移动设备对于购物者的影响、影响背后的行为和经济动机，以及这些动机带给各行各业的获利机会。

单独针对这些力量产生直觉以及获得正确的结论并不难。是的，直觉告诉我们，消费者更有可能去离得近而不是离得远的店铺，点击在搜索引擎或者购物应用程序搜索结果中排位最靠前的那些。天气好，更多的人走出家门购物，有些人走路，有些人开车。移动广告的威力在于结合了这些力量。在价格和距离下降的时候，优惠券使用率就上升。这些结论都是基于直觉，但是，现在我们可以量化这些直觉的质性，我们可以使其可测量甚至从中得出精确结果。每一种力量的量级都很重要，但是更为重要的是它们之间的互动，这种互动释放了移动广告的威力。

第二部分的章节围绕着影响消费者购买决定的九大力量展开。每一章将通过讲解相关研究和分析的方式，展现公司是如何通过地理围栏、地理定位和地理征地等新兴技术，自信而又有策略地影响一种或者多种力量的。这些研究都是基于真实世界中消费者的真实反应——在地铁、购物商城、电子商务在线平台和线下实体店之中——而不是实验室中的反应。这些集合起来的发现激发了各种思考、启发和建议，即如何以其他战略和策略极少能做到的方式将数据转化为真金白银。当正确驾驭了九大力量中的一种（或者更多）的时候，移动营销确实会带来更高的优惠券使用率、更快速的反应、更高的交易价值和收入、更多的参与、更高的客户满意度，等等。

移动渠道是利用整合九大力量的最佳平台。该平台结合了即时性和场景，确保了在正确的时间、正确的地点、正确的店铺给予消费者正确的产品激励措施。不断涌现出的大量学术研究显示，在一定情况下，如果不遵守上述“规则”，反其道而行之，可能会遏制广告商原本想要激发的消费者冲动。消费者在工作日表现出的行为并不一定会在周末出现。如果目标客户的社会动态发生了变化或者企业不确定消费者的购物场合，对一定位置和时间组合行之有效的广告策略可能会不那么成功，甚至马失前蹄。

通过集中的投入，公司不仅仅能够转变消费者对产品和品牌的态度以及与其互动的模式，也能够更加容易地找到正确的客户，更好地定向，更快地转变他们的态度并给予奖励，更长时间地保持客户忠诚度。而且，就在你看这本书的时候，各大公司正在创造和改进目前的现实。[6]但是，商家并非唯一的赢家。

当公司挑战自我，创造性地应用它们的发现和数据时，消费者就可以找到更加相关的产品，与最能满足自己需要的服务商合作，管理短期和长期的“待办”清单，事前计划，并且做出更好、更明智的决定。而且，他们能够更快、更高效以及更大规模地完成这一切，这些在仅仅五年以前都是无法想象的。

这激发了对广告的开放态度，特别是在私人和亲密如手持设备之上。越来越多的消费者，特别是 40 岁以下的消费者开始愿意接受提供服务的企业和他们之间各取所需的关系。[7]当然，这其中也有地域差别。相对于美国或者英国的消费者，巴西和中国的消费者更有可能点击具有相关性的移动广告。即使在美国，随着消费者越来越能够接受与移动广告的互动，其行为也在迅速发生改变。[8]本书中讨论的研究和实验证明，只要营销者愿意维护上文描述的平衡并且能反馈实在的价值，世界各地的消费者都愿意缓慢但是稳步地和营销者建立信任。各取所需定义了这样的数字关系，而且双方都能接受。

智能手机是营销的绝佳载体，营销者应该通过智能手机使消费者利益最大化，使侵入性最小化。消费者已经清楚地表明，如果广告商在移动设备上接近消费者的方式正确，其影响是巨大的。[9]商业组织可以将智能手机变成我们的看门人——私人管家，而不是跟踪狂。

第三部分

第三部分是我对未来的展望。我预测，将移动设备和其他小设备融合将对商业世界带来极大冲击。其他的设备包括可穿戴技术、人工智能、即时信息应用程序、聊天机器人、深度思维、智能电视、联网汽车、移动支付以及虚拟和增强现实。

移动生态将会给商业世界和社会带来什么？本书就此提供了鼓舞人心和充满雄心壮志的观察。在未来，企业将能够更好地预测消费者的行为，提供更好、更简单的选择，提升消费者的满足感和生活便捷度。与此同时，也会提及对于数据隐私泄露的担心——企业和消费者都应该谨慎地关注，企业可以告知消费者他们的数据在被使用，而且给予消费者采取行动或者不采取行动的选择，这种屡试不爽的做法可以减少消费者对于隐私泄露的担心。[10]

智能手机具有改变我们购物、工作以及与人互动方式的潜力。在后记中，我讨论了技术的发展将如何改变全世界的工作性质。帮助追踪我们的需求和需求产生原因的技术，在我们潜意识需要信息的时候，会推送这些信息给我们，当然，未来技术可以做得更多。我也花了少许笔墨描述移动技术是如何带来社会福利的。有些国家的大量人口没有银行账户，智能手机就成为进行更便宜和更安全的数字交易的载体。在农村地区，移动电话帮助农民更好地决定种植什么作物、什么时候收割，以及如何为作物定价。撒哈拉沙漠以南的非洲村庄的医护人员利用移动电话从医疗专家那里获得帮助。[11]

我们可以想象并且能够到达的未来不是像科幻小说一样充满了飞起来的汽车和在周末去火星的行程。当然，这些都是美好的预想，如果有一天成为现实，我们的生活会发生巨大的改变。与此同时，在未来几年里，我们将改进看起来更加平常的事情，这些都能提高我们的生活质量。打造如此未来的基础是我们每天的决策和彼此间的互动——从买什么、去哪里买，到是否捐钱或者在慈善机构做志愿者。

智能手机去除了强迫我们妥协的摩擦和矛盾。这些决定和互动可能和找到新工作一样复杂，和自然灾害发生时分配急需服务一样，抑或和在收到短信通知之后，在附近店铺、在促销的时候、在风暴之前购买雨伞一样容易。不管是哪种情况，当我们了解和驾驭了没有完全开发的口袋里私人管家的力量之后，我们的生活都会得到极大改善。

不管你是否注意到，未来已经到来。

目录
CONTENTS

第一部分
人类行为和智能手机之旅

点击 解密移动经济的未来版图

第一章

智能手机：真正的变革性技术

智能手机已经颠覆了人们的生活，我们诚然欢迎这种变化，但是智能手机对生活的冲击远远不止如此。客户对 3G、4G 技术的接受速度已经远远超过其他技术的应用速度；与此同时，在移动技术发展的最初 15 年里，地球已经承载了 30 亿的用户连接，而且预计到 2020 年，智能手机的用户数将达到 80 亿。[1]瑞典电信巨头爱立信在其 2016 年移动技术报告中的估计更加乐观：预计到 2021 年，全球移动手机用户入网量将达到 90 亿，超过世界总人口数量。[2]该公司估计 5G 技术的应用将超过 4G。在韩国、日本、中国和美国的引领下，5G 的入网量将在 2021 年达到 1. 5 亿。预计到 2021 年年底，长期演进技术（LTE）的入网量将从 2015 年的 10 亿增加到 43 亿，而在这场不断演进的技术海啸的前沿就是 5G 浪潮。中东和非洲移动技术市场的 2G 技术也会升级，而且 3G 或者 4G 将占据 80% 的市场。

那么，是什么在激发这样的迅猛增长呢？

技术的进步降低了使用成本，提升了用户体验。在全球范围内，与最快数据传输速度相关的移动技术入网量的平均成本下降了99%，即在2005—2013年每年下降40%。对主流用户来说，智能手机越来越便宜。大约30%的已售机型售价不到100美元，有一些甚至只需要40美元。[3]

上述技术进步固然促进了人们对移动设备的使用，但是由移动生态激发的巨大的社会和经济价值才是拉动激增的主要原因。波士顿咨询公司（BCG）出具的一份报告显示，移动技术是世界经济发展的重要引擎，创造了3.3万亿美元的全球收入和1 100万个新增岗位。[4]在移动经济中，最为受益的国家分别是美国、中国、韩国、印度、巴西和德国。BCG的研究表明，这6个国家的移动GDP（mGDP）的总和为总GDP贡献了大于1.2万亿美元（见图1－1）。鉴于该6国占据全球GDP的47%，这组数据是值得注意的。

当然，不论是在自己国家里，还是在与其他国家的交易中，许多公司都受益匪浅。移动生态成为一些世界知名公司获得成功的驱动力。世界上最具价值的25个公司中的6个公司——苹果、谷歌、中国移动、阿里巴巴、脸书和威瑞森，都是移动价值链中的主要参与者。[5]在2010年世界移动大会的主旨演讲中，埃里克·施密特（Eric Schmidt）宣布谷歌公司将会把移动设备的开发放在第一位，其他所有的设备都是其次的。[6]虽然对此仍有异议，但是这份宣言成为硅谷"移动优先"态度的开端。

但是，其实不仅仅大公司才是受益者。BCG的报告也显示，25%的使用移动设备更为频繁的中小型企业（SME）的收入增长

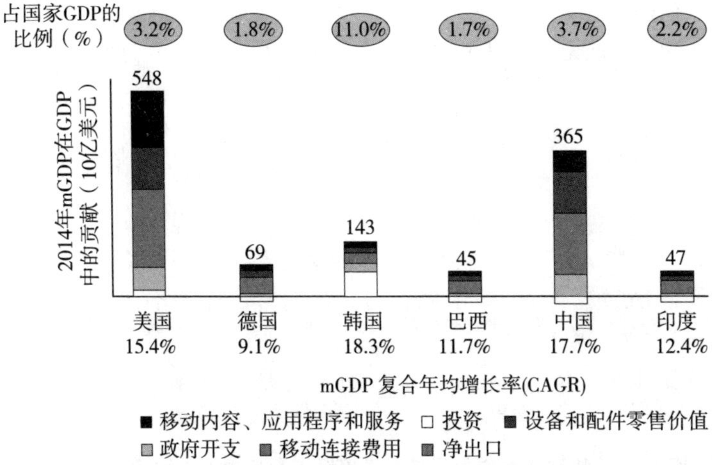

图 1－1　按照移动支出计算，移动 GDP 在排名前 6 位的国家中占据了 1.2 万亿美元

资料来源：改编自 BCG 的分析。

速度增加了 1 倍，就业岗位的增加速度也是其他公司的 8 倍。移动生态也催生了初创公司的创新。根据 BCG 的报告，2014 年风险投资总额的 7.9%（370 亿美元）都投入了移动经济的初创公司中，而在 2010 年该比例是 3.8%。图 1－2 的数据显示的一些事实，也证明了移动设备给经济发展带来的冲击。

最后，同样重要的是，手机从根本上改变了客户的行为。不管是为了娱乐还是收集信息，我们在印刷、电台、电视以及桌面互联网这些传统渠道上花费的时间越来越少，而把更多的时间花费在移动设备上。美国用户平均每天花费 10% 的时间盯着手机上的小屏幕。在手机应用程序上花费的时间已经超过看电视的时间：美国的普通用户平均每天在应用程序上花费 198 分钟，而其看电视

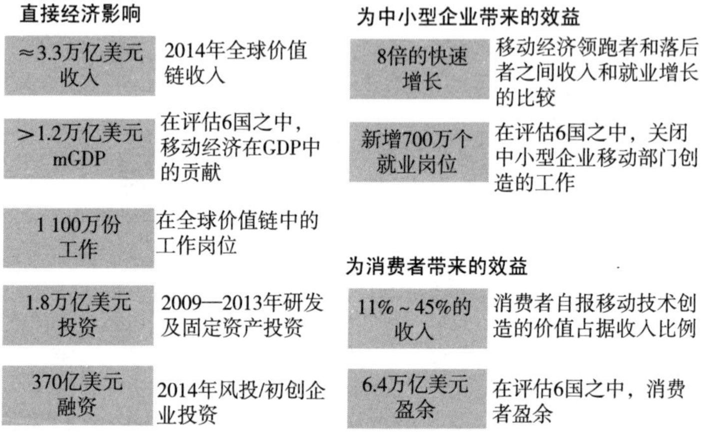

图1-2　移动技术成为了具有直接经济影响力的推动增长的引擎，为中小型企业和消费者带来了效益

资料来源：改编自 BCG 的分析。

的时间是 168 分钟。[7]印度尼西亚人比其他任何国家的人盯着移动设备屏幕的时间都要多：平均每天在不同的数字设备的屏幕上花费 9 个小时的时间。[8] 人类历史上很少有技术像智能手机一样发展得如此迅速，带来的变革效应如此巨大。而且，手机技术也在不断改进：零件变得越来越小，处理器速度越来越快。源源不断的新设计和新功能涌入市场，使过去几年的畅销产品马上黯然失色。

在过去几年里，虽然人们在移动设备上花费的时间越来越多，企业却并没有抓住机会实现变现。图 1-3 显示，大众在媒体消费中的行为改变给处于移动经济中的公司创造了巨大的市场机会，特别是在移动广告领域。著名的证券分析师和风险投资家玛丽·米克尔（Mary Meeker）已经跟踪分析此类数据好几年了。我每年都像孩子一样对她的“互联网趋势报告”翘首以盼。数据显示，在2015年，美国在移动广告上的投入（12%）与客户在广告上花费的时间（25%）相比是偏低的，这对移动广告商而言也意味着有价值220亿美元的广告投入机会。相比而言，印刷媒体却吸引了与消费者在其上所花费时间（4%）极其不相称的广告投入（16%）。当然，我也必须负责地指出，随着不断增长的广告资金被投入到移动经济之中，在移动设备中的广告欺诈案例也在增加，大家对此都要警惕。美国互动广告局（IAB）最近的研究估计，仅在2015年移动广告的欺诈就造成企业价值12.5亿美元的损失。[9]但是，无论如何，移动市场营销和移动广告的经济收益潜力依然是巨大的。

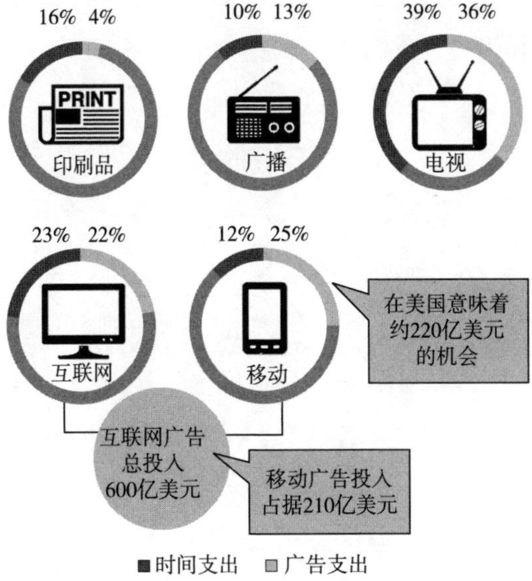

图1－3　在媒体花费时间比例与广告开支的比例（美国，2015年）

资料来源：改编自玛丽·米克尔在2016年凯鹏华盈（Kleiner Perkins Caufield & Byers）互联网趋势会议的演讲。

这对于移动营销经济意味着什么呢？这意味着，我在本书中描述的仍旧是移动技术的童年，甚至只是婴儿期。这也应该造成一种紧迫感。那些现在不迎头赶上或者巩固自身优势的公司，在充分利用新带宽的“杀手应用程序”出现之后，会发现自己的劣势急剧增加。

回首新千年之交，那时的智能手机就像一次大跃进。但是事实上，我们仍旧处于这个突破性变革的伊始。为了让大家了解背景，我决定往后退一步，向读者展示在过去 25 年间，移动技术的迅猛发展和深远影响。如果移动技术在未来 5 ~ 10 年仍旧保持这样的发展势头，你就会发现通过移动设备通信和互动所带来的机会仍旧发展得太快，我们很难抓住它们。

智能手机的变革

智能手机技术不是从一开始就这么先进的。《韦氏词典》对智能手机的定义是：“包含额外软件功能（电子邮件或者互联网浏览器）的手机。”[10]1992 年，IBM 公司推出了西蒙个人通信器，满足这种定义的智能手机才出现。西蒙个人通信器当时的售价大概是 900 美元，你可以通过触屏发邮件或者传真。该款通信器有一个基站，在充满电之后可以用差不多一个小时。

在撤出市场之前的半年内，IBM 公司一共销售了大约 5 万台西蒙个人通信器。[11]相比而言，苹果公司在 2014 年的第四季度，每 90 分钟就卖出 5 万台苹果手机。[12]西蒙个人通信器没有实现大众消费的原因不是价格昂贵或者设备自重超过一磅。在20世纪90年代早期到中期，该通信器的销售量和大多数现代技术的销售量是基本持平的。西蒙个人通信器消失的原因正是其天才的发明。它的创新超越了时代的发展：当时电子邮件并不时兴；电话网络结构无法处理数据，也无法满足需求；处于原始形式中的应用程序的实用性不高；提供照相机的想法虽然很妙，但是没有软件对照片进行后期处理，这个想法的价值也有限。

"整合"在2000年的时候成为流行词汇。我们早就忘记那时候不是所有人家里都有台式电脑或者仅有基本功能的手机。但是，很多人会随身携带照相机、便携式游戏设备、便携式音乐播放器和纸质日历。"笔记本"指的是由螺旋线圈装订的本子，里面是画着横线的白纸。

到2000年中期的时候，至少在较为发达的国家里，个人电脑已经随处可见，几乎每个人的口袋里都装着手机，谷歌的名头家喻户晓。智能手机的形式多种多样，比如有键盘的蓝莓手机和像三星手机一样有触屏和数字键盘的手机。Palm OS操作系统能够实现日程、日历和其他工具都被整合到口袋中的手机里。时代呼唤性能可靠又能满足大众市场的创新智能手机的到来，于是，苹果手机走上了历史舞台。

2007年上市的苹果手机和很多其他手机的功能重合，只不过其展示界面更酷炫，按键更少。这使得苹果手机吸引了商业世界以外的客户，大多数商界人士习惯用智能手机发邮件和制定日程。但更为重要的是，苹果的操作系统兼容所有新的网络代码，这样在手机上就可以看到更具有可读性的、更好的网页格式内容。现在的智能手机有更多的功能，不管是使用谷歌搜索引擎、地图，在等公共汽车的时候买鞋，还是在脸书上与他人互动社交。

技术能力的演化

网络发展获得了长足进步，以至人们已经忘记了当年的拨号上网和电话占线。无线技术的出现消除了这些问题。无线网络无处不在——无论是在家里还是在许多公共空间，比如在咖啡店、在飞机上、在地铁里。无线网络使人们可以全天候地上网，人们对此习以为常，甚至认为理所当然。无论何时何地，人们都可以连接上网。

精密技术也改变了我们的生活。不管我们身在何处，任何人只要尝试，都是很有可能找到我们的。地理编码、灯塔、无线网络、射频识别和近场通信技术使得附近通知成为可能，它可以记录我们的位置并且帮助我们享受附近区域的各种好处，不管是与附近的朋友随性见个面，还是到自己喜爱的商店里去买优惠打折货品。2013 年，苹果公司推出 iBeacon 业务，催生了全球范围内四处开花的临近解决方案提供商产业（PSP）。2016 年，全球有 293 家临近解决方案提供商，其中 38% 的公司总部设在美国，10% 的公司总部设在英国，26% 的公司总部分布在澳大利亚、法国、德国、意大利、荷兰、挪威和西班牙。[13]新的 PSP 公司也开始出现在印度、越南、新加坡和拉脱维亚。所以说，这不是一个孤立的现象，而是遍布全球的一股力量。

谷歌公司为万维网做索引，使得客户能够在网上找到各种公司。与此类似，临近解决方案提供商将为现实世界做索引，并且将其与广告联系起来。[14]虽然 PSP 在不断壮大，但是该产业自身也要意识到潜在的风险和坏处。例如，位置数据是怎样分享的？谁能够获得这些数据？大多数人并不十分了解位置数据，而大多数企业需要更多地了解该如何管理位置数据。[15]

移动技术下一代的产品包括移动钱包。移动钱包剔除了日常商业中塑料和纸张的使用。客户可以运用移动钱包服务来管理和使用各种产品、优惠券、积分奖励、票、登机卡、礼品卡、身份证、电子收据和不同品牌的电子形式产品信息。用手机扫描二维码，马上就可以获取丰富的产品信息。客户还在浏览相关信息的时候，应用程序已经在网上寻找同类的产品，并且帮助客户比价。哪怕你就站在同类商品的竞争对手商家店面走廊里，你也可以马上使用下载到手机中的优惠卡购买产品。便携式磁条阅读器具有同样的功能。Square 这样的应用程序可以处理来自便携读卡器的付款信息。小型企业和个人卖家由此更加具有竞争力，大型企业的店面职员在现场可以关照客户的需要，而不是让他们在收银台前排队等待，从而提升客户体验。既现代又极具吸引力的生态在移动技术的基础上得以建立，随着移动营销获得中心地位，或者变得不可或缺。这种生态必将蓬勃发展，为世界各地的消费者提供服务。

作为消费者的我们对手中的网络触手可及，此时世界就向我们开放了。与此同时，我们也向世界开放了。当我们每天花费很多时间在屏幕上点击的时候，网上活动会留下丰富的数据足迹。我们并不知道智能手机和手机中的应用程序收集并传输了大部分的数据，所以也不会直接干预这个过程。数据获得和收集的步骤变化进一步促使企业利用客户的数据并且塑造他们的生活。但是，与此同时，企业必须在管理和保护这些数据方面非常小心。位置数据隐私管理十分具有挑战性，因为位置数据已经变得愈发复杂且特别敏感，而且位置数据是其他数据的公约数，即位置数据可以牵出许多其他数据。[16]

有时候，人们对位置数据漫不经心，因为他们要么没有意识到自己的数据被收集，要么没有意识到数据收集的规模到底有多大。有一些观察家指出："用户最多也就只会收到'该应用程序将使用你的位置信息'的通知，这样的通知看起来无伤大雅，但是它却遮掩了实际正在发生的事情，而且也遮掩了在个人隐私方面到底意味着什么。"[17]

第二章

智能手机改变了什么

在过去十年间，移动电话和相关技术取得了长足的进步，但是最值得注意的改变在于它们对于消费者行为的冲击。世界各地的消费者对这些技术的接触频繁到认为它们的存在是理所当然的。这些技术无处不在，我们往往忽视它们带来的整体冲击：无孔不入，甚至主宰着我们的日常生活。

让我们来看一看普通人的典型一刻。早上一起床，我们就会：点击液晶屏查收电子邮件和各种短信；通过社交网络查看亲戚、朋友的最新消息；在经常使用的网站和应用程序中浏览新闻；查看日历提醒自己今天的安排；看天气决定穿什么衣服；打开地图以便事先预知上下班路途花费的时间和最快捷的路径。智能手机永远地改变了我们早上的日常。

再来想一想人际交流，就能够更加清楚技术是如何改变消费者行为的。在 WhatsApp 上，我们可以很快就与人取得联系，或者发现朋友是否在附近（通过脸书的“附近朋友”功能），然后即兴地安排见面。国内长途电话已经成为历史，我们现在准备和别人取得联系并考虑相关费用的时候，不需要在意距离的问题。现在连打电话都不再是通信的首选了。在苹果手机横空出世的两年里，18 ~ 34 岁的人每个月的电话通话时间从 1 200 分钟下降为 900 分钟，短信数量从每个月的 600 条上升为 1 400 条。[1] 人们更多地认为电话具有侵入性，因为电话迫使人们去注意、去倾听和说话，有些人甚至很讨厌电话。短信则更快、更简单，而且在我们等待别人回复的时候，还可以同时做其他的事情或者继续输入短信。不论我们想要联系谁，现代社会已经接受在脸书、推特、WhatsApp 上发信息与人联系的做法。短信功能的不断改善当然也起了不小的作用。在智能手机出现之前，发短信很麻烦。如果只想发“come over later（待会儿过来）”几个字，就得点击“2”三次才能打出一个“c”，点击“6”三次才能打出“o”，点击“6”一次打出“m”，然后点击“3”两次打出“e”。这些变化也极大地影响了我们说话的方式。如果辅之以合适的洞察、想象和创意，它们也会极大地改变企业向客户传递信息以及影响客户的方式。

永远在线的设备已经开始彻底改变我们整体的社交和职业交流方式。全天候上网模糊了工作和休闲的界限，人们在上班时上网和处理个人事务，然后在过去被界定的个人时间里完成工作。于是，员工自己就有责任来界定时间和排列优先次序。无处不在的网络能够让我们把一些零碎的时间（如交通堵塞、航班延误）利用起来，这也算是一大好处。在上下班的路上，我们也可以收发邮件，处理商务备忘录，查看云记录中的电子文档，在手机上和同事进行业务往来，在日历上标注会议时间，为第二天的工作做准备。当我们在家做晚餐或者为照顾生病的孩子而选择在家办公的时候，也可以同时进行多方的电话会议。有了智能手机，我们可以跟世界上任何地方的人进行视频对话，这也催生了“在家办公”的文化。当然，不是所有人都认为这些变化是有益的。有一半以上的员工抱怨智能手机的使用（包括短信）会降低生产效率。[2]另外，人们也对手机侵入个人生活空间颇有怨言，因为社会对手机有一直在线的期待。即使有这样的批评声音，运用电信技术和有效利用零碎时间都可以帮助人们更好地管理工作流程。而使这一切成为可能的工具就是智能手机。

智能手机的便携性也改变了人们的很多其他行为。例如，移动设备使得人们能够根据自己的需要获取信息，在旅行应用程序上订机票和酒店。不管是用 Yelp 搜寻最近的餐厅，在纽约公共自行车系统（Citibike）上短期租赁自行车，还是用优步（Uber）或者来福车（Lyft）拼车，智能手机以前所未有的规模在人们行走中进行计算匹配。这些服务都利用了手机中像 GPS 这样的技术。也是因为有了移动应用程序，一些产业的品牌降低了准入门槛，进而迅速成长起来。共享经济就是一个很好的例子（有些专家称之为合作经济），也许移动应用程序就是共享经济最大的助推器。如果没有智能手机，这些具有创意的点子永远都不可能变成现实。

智能手机的普遍使用改变了我们制造和消费内容的方式。不管你是在苹果音乐（Apple Music）或声田（Spotify）上在线听音乐，在阅后即焚（Snapchat）聊天软件、脸书、推特、照片墙（Instagram）等社交媒体上传照片和视频，在亚马逊上写书评，还是回应你最喜欢的美食博主的上一个帖子，我们都可以行云流水地创造和消费内容。

10 年或者仅仅 5 年之前的购物方式和如今的方式大为不同。在网络购物刚刚兴起的时候，客户需要先在线浏览，然后在线下购物。时至今日，客户会在实体店看好货品，然后用移动设备在线完成交易。我们可以在实体店里完成价格比对、查看库存，或者在亚马逊上比较实体店。因为移动设备，现在的购物更多的是随需应变。也许最大的变化（也更加和本书主题相关）是企业如何与客户进行互动。让我们来进一步探讨移动广告。

想象一个人手里拿着《时代》杂志或者《大都市》杂志走在街上，不管他往哪里走，他手上的这本杂志是不会有变化的。现在，将这个镜头定格：他正好走过在这本杂志里投放了广告的商店。此时此刻，他因为看到广告而动了心，想要去这个商店逛一逛。

现在，想象作为广告商的你可以改变那本杂志里面的广告内容——广告主、产品、信息、格式——根据读者正身处城市的哪个方位甚至哪个街区。显而易见，纸质杂志不可能做到这一点，但是智能手机使得广告商可以拍快照，然后将电子广告传送给特定的读者。这就是基于位置的广告：目标客户在特定时间的位置所在，加上额外的数据（比如确切的时间点），将位置信息放在情景之中。这种类型的营销被称为基于位置的服务（LBS）。[3]

基于位置的服务已然成为全球现象。例如，菲律宾最大的生活方式品牌的特许企业店铺专家公司（Stores Specialists Inc.）推出了一款位置提醒移动应用程序，在奢侈品客户靠近其旗下500家店铺中的任何一家的时候，提醒他们最新的打折促销活动。在新加坡，客户靠近313索美赛（Somerset）商店的时候，可以通过该商店的应用程序获得商店中170家商铺的专属优惠信息。

根据皮尤研究中心（Pew Research Center）[4]的数据，在美国的1.53亿智能手机用户中，有90%左右都使用基于位置的服务。客户对此还是拥有控制权的，因为他们可以开启或者关闭位置分享功能。位置也可以分区，也就是说对于位置信息，会有虚拟屏障或虚拟栅栏，对其进行定义或者保护。这么做可以使交换的信息对发送者和接收者来说都是相关的。仅这一种能力就代表了范式转移，它意味着各种组织和受众进行接触和互动的方式改变了。

基于位置的服务的力量不只局限于营销领域，它也促进了社会的变化。城市和其他组织可以利用位置服务发布交通管理、紧急警报和其他实时信息。美国的圣弗朗西斯科曾经爆发过火灾，当时火势蔓延到周围建筑，也引起了周边地区的交通堵塞，圣弗朗西斯科利用位置服务，通过AlertSF给受灾区的手机用户推送信息。[5]优步和来福车刚开始在洛杉矶国际机场和其他机场运营的时候，都运用了相似的位置技术，而以前都是传统的出租车在使用这些技术。为了减少拥堵情况，来福车和优步都采用了地理围栏技术，该技术将所有叫车的需求都导向指定区域，司机们在限定的区域等待。应用程序只将需求分配给停在正确区域内的司机。[6]这种做法让多方获益：公司，用户，甚至是司机。

把位置信息和社交媒体结合起来，收集的数据就会更加丰富和实用。一些市政府在搜索餐厅的应用程序上搜索特定的词汇，以查看是否有餐厅违反卫生条例的蛛丝马迹，然后决定是否派专员去检查。市政单位和营销者一样快速地抓取了某些数据。有一些市政府在有显示地理位置的社交媒体帖子中搜索“坑坑洼洼”字样，以便找到路面损坏最为严重的街道，然后对其进行修缮。

波士顿市政府和一家名叫 Street Bump 的初创技术公司进行了合作。该公司可以对司机或者乘客手机所处背景中的振动进行分析。这种分析可以辨别道路状况和损坏，并且通知市政进行修缮。[7]在东北部地区的暴风雪之后，任何在丢失了一些石块的鹅卵石道路上开车的人都会发觉位置服务对于社区的改善是有作用的，因为这样可以带来更高效、更及时的服务。让所有这些成为可能的原因就是人们允许应用程序在手机后台运行。

这些与手机的互动创造了客户的特定数据。仅 2016 年的数据总量、精细程度和可获取量都让人难以置信。营销人员拥有在“亚原子”层面了解客户的能力，就可以制定服务于客户的战略和策略，而不是去剥削或者激怒他们。记得我在上文提到企业可以将移动技术看作是看门人和私人管家而不是跟踪狂吗？用正确的设备在正确的时间和地点将正确的广告发送给正确的客户，不再只是《少数派报告》（*Minority Report*）这样的好莱坞电影里的桥段，这已经成为现实。当然，关键还是要了解客户的购买动机是什么，以及这些动机是如何互相作用影响客户决定的。但是，如果广告商能够正确地收集和分析数据，与广告商能够在 2016 年以及未来可以做的事情相比，这些事情看起来又是很微不足道的。

智能手机带来的一个深刻变化就是可以将我们在现实世界中的活动进行索引，创建线下档案。通过梳理储存在移动传感器中的人类活动数据，企业可以更好地理解社会中人与人之间的互动和思想的流动。[8]这是什么意思呢？

我们在移动设备上的点击动作创造了数据轨迹，企业在此基础上描绘出我们物理运动的轨迹。这将带来范式转移，即从基于位置服务的营销转变为基于客户个体轨迹的营销。看过《哈利·波特》书籍或者电影的人会发现，轨迹和活点地图的概念相似。这个地图可以显示一栋楼里每个住户的方位和最近的足迹。经典的卡通片《乐一通》也经常使用同样的概念，两个人在追打彼此的过程中可以看到对方的足迹。

现在想象针对每个客户都有这样一份地图。该地图追踪短时期内的运动轨迹，然后将一段时期的数据综合起来就可以展现更细致的路径。这就是客户的轨迹。只要每个人都携带智能手机，通过 GPS、无线连接或者后台运作的应用程序就会产生位置数据——追踪一个人在现实世界中去过哪里、在那儿待了多长时间、从一处到另一处用时多久。考虑一下客户在线下的搜寻成本就会发现，个人的行为轨迹提供了很多有价值的信息，可以揭示个人做决定时的偏好。所以，营销者就此可以了解客户在哪儿花了时间和精力进行了线下搜寻，大多数时候就可以推断他们做出如此行为的原因。

这种线下的轨迹信息类似于搜索引擎和用户浏览点击所产生的数据。亚马逊、阿里巴巴和其他在线零售巨头已经利用了一些数据——用户在哪儿上网了、他为什么上网、买了什么——来决定下次该用户上网的时候为其推送什么产品的广告。移动技术可以将个人在物理空间中产生的行为轨迹数字化。查看一个人在购物广场或者购物街的足迹，就可以为他的购物需求提供线索。这些线索十分可靠，同一个人再次逛街购物的时候，营销者基本就知道他会买什么了。这些线索给了营销者更清晰的信息，因此它们就像过滤器一样，让营销者更加清楚哪些广告成功的可能性很大，哪些广告与客户的现有情况不符合，所以会造成不利影响。

可以想见，追踪轨迹并且为了营销而利用这些轨迹会让客户感到不安，因为记录行动是对个人空间的侵犯。诚然，这种做法可以加强商家和客户之间的亲密互动，但也同时让他们觉得自己其实很脆弱。我们以前也看到过有人抵制通信费自动收费方式（因为系统可以查询人们行驶的路线）和安全摄像头的使用（因为人们认为那是鬼鬼祟祟的监视）。人们的抵制情有可原。有人就曾经因为手机里提供的位置信息而被逮捕，最后警方却发现它们犯了个错误，类似的事情也时有耳闻。2002 年，在美国俄勒冈州的波特兰，丽莎·罗伯茨（Lisa Roberts）被冤枉判定谋杀了她的前任情人。裁决的依据是威瑞森公司（Verizon）[9]提供的手机信号塔的位置信息，结果却发现其实是出现了解析错误。丽莎在监狱中煎熬了 12 年之后，于 2014 年获释。

不过，很多人开始认为这种追踪带来了便利而不是忧虑（我在此再次提醒你回想一下前文做过的私人管家和跟踪狂的类比）。人们避免了在收费站浪费时间，享受在公园和公共空间的闲适，以及在附近增加警力的潜在威慑力，这些都让人觉得这种交换是值得的。同样的逻辑也适用于亚马逊推荐的购买清单，人们已经越来越不再觉得这是一种越界；同理，人们也不会觉得声田的推荐音乐很讨厌。很多对于追踪感到担忧的人忘记了一个事实，那就是他们每次用优步叫车的时候，都会在平台上留下丰富的轨迹信息。

需谨记的是，我们生活中的任何技术进步，无论是汽车、电脑还是基本的设备，都会带来风险。就移动设备而言，我认为本书中描述的数据共享利大于弊。如果客户对此持开放态度，企业尊重客户愿意与他们构建亲密关系，那么移动经济中的供应商网络就可以服务于这些自愿的客户，因为这些客户将这种广告形式理解为私人管家（和看门人），而不是跟踪狂。

显而易见，智能手机技术已经对我们如何组织生活产生了巨大的影响。在不到十年的时间里，客户从一开始只是模糊地猜测和推测该技术带来的影响，到现在可以量化可预测性的模式和偏好。我们实验和学习得越多，就能够提供越好的解决方案。但是，我们也需要审视智能手机变革性影响的另外一面：我们有哪些行为是移动设备并没有改变的？

第三章

平衡的获取

在过去十年中，智能手机给世界带来了翻天覆地的变化，企业需要认识到一些时至今日都不变的真理。它们需要内化一个事实，那就是虽然有科技的创新，但是人们的一些基本行为特质没有改变，这并不完全符合所有人的期待。考虑到这些行为上的矛盾，企业应该在运用科技的同时，保持客户生活的平衡，这一点至关重要。

营销者目前能够获得的数据是海量的，而且伴随智能手机和传感技术发展出更多收集数据的功能，其体量必将进一步增长。对移动数据的解读和行为心理学领域的突破性研究，更多地揭示了人类的本质特性。在和智能手机互动方面，世界各地的人表现出来的需求都是一样的。我们都想要获知相关的信息，因为这些信息可以让我们更轻松地生活，更简单地做决定。

如果只是从表面上来看待客户对广告的抵触和压抑，企业很容易感到灰心丧气。但是透过现象看本质，景象就不太一样了。客户内心对广告也是有认同的，只是程度不太一样。这主要表现在四种矛盾行为之中，而且在我们对移动经济巨大而并未开启的力量更加了解之后，这些矛盾就会愈发明显：

（1）人们追寻随性自然，但是他们的行为是可以预计的，而且他们也重视确定性；

（2）人们讨厌广告，但是又害怕错失信息；

（3）人们想要选择和自由，但是又很容易因为有太多选择和自由而不知所措；

（4）人们想要保护隐私，但是又越来越多地将个人数据当作货币使用。

接下来，让我们从客户的角度进一步来审视每一个矛盾。

人们追寻随性自然，但是他们的行为是可以预计的，而且他们也重视确定性

我们将每天穿梭在上下班路上和工作日的日常称作“老鼠赛跑”（the rat race）是有原因的。每一天，世界各地数以亿计的成年人挤上小轿车、火车或公共汽车，跟随着人群穿过街头巷尾的迷宫，走入他们的格子间和办公室。日复一日的苦差事激励着上班族休假，在周末做点不一样的事情，或者给自己放一天假。我们想要改变和随性，这样才能保持大脑的敏锐。

想象一下我们的日常被打乱。也许下午突然就放假了，然后就可以早点回家，做点随性又积极的事情。我们中间有多少人会

利用这个机会去一个新的地方或者尝试新的事物呢？很多人还是会用这个时间办事，或者直接回家，然后舒服地坐在沙发上。当有机会随心所欲的时候，我们却并不总是知道该拿自己怎么办。我们喜欢改变，因为改变是挑战，促使我们思考，但是做一成不变的事情，我们也会觉得很舒适。

同样的道理也适用于购物。我们喜欢一家服装店，在那里不需要试穿每一件衣服，因为我们知道那些衣服一定合身。我们喜欢在一家餐馆吃饭，因为我们知道那里的菜好吃，服务员很友好。虽然我们也喜欢时不时尝试新的事物，但是我们也喜欢熟悉地点的可预见性和舒适度。“新鲜”对我们来说，很多时候只是一个主题的变体。

对于这种行为上的矛盾性，我们可以在行为经济学描述的偏见中找到源头，特别是多元化偏见，这个偏见来源于有人认为我们今天所做的选择会影响未来的选择余地。丹尼尔·里德（Daniel Read）和乔治·罗文斯坦（George Lowenstein）揭示了一种倾向：在消费会在未来发生的时候，人们喜欢选择更为多样的产品；在消费即将发生的时候，人们喜欢选择相似的产品。[1]

所以，企业该如何说服客户信步踏入它们的商店，或者在客户寻找某种商品的时候使他们购买并无计划的其他商品？关键在于要同时激起人们要求舒适和好奇心的满足。移动营销有天然的优势。如果零售商知道客户的浏览历史，包括因为在线库存不足而造成的未完成订单或者将商品放入购物车之后忘记购买，那么当客户离它们的店面很近的时候，零售商就会提醒客户他们需要的货品现在有货，刺激他们走进店铺。如果零售商得知客户购买的商品需要更新换代了，它们就可以为客户推送相关信息，因为它们知道客户不会抵触此类广告。这些突然降临并看似临时的消息其实是符合客户日常生活规律的，客户也是按照规律在办事。给客户发送打折或者周边店铺有货的消息，可以激励他们临时起意进入店面。

人们讨厌广告，但是又害怕错失信息

《男人来自火星，女人来自金星》（*Men Are from Mars*，*Women Are from Venus*）的作者约翰·格雷（John Gray）在书中写道："男人没有要求别人提供建议，别人却这么做的前提假设就是他不知道该怎么做，或者他自己一个人做不到。"不请自来的广告有着同样的假设：人们没办法自己做决定。和好的建议一样，好的广告可以为我们节省做决定的时间和精力，甚至带来实在的好处，比如省钱。和不请自来的建议一样，不请自来的广告会让人抵触，甚至嫌恶。那么广告就产生了"社会"成本，这种嫌恶成本促使广告商将广告和娱乐混合在一起呈现在客户面前。如何平衡两者关系也是个老大难的问题。之所以把广告和娱乐捆绑在一起，是因为观众在接受广告信息之后，可以获得消费媒体内容的补偿。[2]

如果来源可靠，客户就不应该立刻对于提议（广告）不予理会，不管这个提议是不是不请自来。古罗马哲学家塞内加曾经说过，人们并非总是知道自己的需求和渴望，他们也不一定拥有相关的信息，"向你的朋友咨询，尤其是那些尊重你的朋友，他的建议可能有用，而你的自恋有可能妨碍自己的判断”。当我们建立了自己都没有意识到的模式，或者当我们想找东西但是又不知道该怎么寻找时，一个值得信赖的军师便承担起决策的任务，给我们提供建议。我们只要去接受就可以了。

营销者的挑战就是怎样将自己转变为值得信赖的军师，而不只是产品和服务的售卖方。人们经常将不请自来的广告等同于坏广告，特别是在广告来源没有赢得信任的时候。Amplifi（无线路由器制造商）的首席数字官莎莉·西尔弗（Sally Silver）对此机会的总结就十分恰当：

> 人们反对移动设备上的广告，我认为这种想法是具有误导性的。广告的确具有私人属性，但是广告本身就是依附于移动设备，也就是依附于我们的。智能手机有很多功能——从闹钟到功放功能，它同时也是我们消费媒体的另外一种设备和屏幕。所以，客户和与自己利益相关的广告互动也是合乎情理的。将在不同设备上连续的消息整合起来，你看到的就是和个体的对话，而不只是广告而已了，这对于品牌来说是非常具有吸引力的。[3]

广告商需要针对用户推送更好的广告，少让人讨厌。如果移动广告能够提升用户体验而不仅仅是促成一笔交易，这样的广告就能够将客户转变为坚定的拥护者，而且他们可以对更多的人群施加积极的影响力。[4]将广告视作对话而不只是匿名的单向传播信息，这样可以促进良性循环。营销者可以将客户的数据转变为实在的价值，而得到的回报是获得更多的数据。

毫无疑问，现有的广告技术的生态系统将移动网络[5]塞满了客户不想看到的广告，让用户体验非常糟糕，网络几乎到了不能用的地步。这个无处不在的问题对于生态系统也是一个改进的机会。

客户嫌恶广告的时候，通常会安装广告拦截器。他们不希望设备屏幕上弹出广告或者显示广告，所以他们“雇用”了第三方系统将他们讨厌的东西屏蔽起来。广告拦截器的一个坏处是“一刀切”。现在的拦截器无法分辨广告的质量高低，所以对于广告商，它一视同仁。[6]不是所有的广告都是质量低下或者内容毫不相干的。高质量的广告——在正确的时间、正确的地点针对正确的人，加上移动广告的九大力量——和其他粗制滥造的广告一样会被拦截。在此过程中，不管提议好坏，都一律被扼杀。

我相信从长远来讲，广告拦截器对营销者来说是件好事。虽然短期之内，我可以理解营销者为什么唉声叹气。但是我认为，广告拦截器的威胁其实给不同品牌、发行商和广告商（以及该生态系统的其他相关者）带来了一个巨大的机遇，让移动和桌面广告变得侵入性更小，内容却更相关，同时带来实用的价值。

广告拦截器仍旧处于早期发展阶段。截至 2016 年 8 月，全世界只有 2 亿名台式电脑用户和 4. 2 亿名智能手机用户使用广告拦截器。[7]这和全球的台式电脑和手机用户数量比较只是少数，也就是说，绝大多数的用户并没有使用广告拦截器。对消费者和营销者来说，这说明了一些问题。2015 年 8 月，卢比肯（Rubicon）项目对美国客户进行了调查，结果显示如果广告和个人相关，则73%的消费者更有可能和在线广告互动。[8]千禧传媒公司（Millennial Media）在美国、英国、德国和法国做了一份用户调查，结果类似。[9]63%的受访者觉得移动设备上的广告换取免费的内容是公平的，25%的人觉得不公平。公平比例在德国（65%）、英国（64%）、美国（67%）几乎是一致的，只有法国比例稍低（56%）。客户其实已经掷地有声地告诉企业，如果它们的广告能做到有的放矢，那么广告拦截器并不是威胁。

所以，我看到的是广告拦截器给移动营销者带来的好处。猎豹移动公司（Cheetah Mobile）的副总裁贾迈勒·阿冈额（Djamel Agaoua）和我不谋而合："广告拦截并不是移动商业的终结，而是将我们带入下一个阶段的催化剂。拦截的出现从本质上来讲是移动产业成熟的迹象，这也清楚地表明下一阶段的本土广告模式应该是怎样的。"[10]

也许对发行商和广告商来讲，在看到黎明之前，会有一段黑暗的日子。但是，人类进步就是这么发生的。脸书将拦截器屏蔽，并且使用"广告偏好"工具让用户明确选择自己的广告喜好，向解决问题迈出了一步。这种做法十分有先见之明，因为用户可以更多地掌控自己看到的广告，并且也参与到商家和客户之间的价值互换之中。

我也应该指出，很多用户使用广告拦截器不是因为讨厌广告，而是为了防止恶意软件、病毒，以及保护隐私。未来隐私论坛（Future of Privacy Forum）首席运营官朱尔斯·波龙特斯基（Jules

Polonetsky）认为，脸书屏蔽广告拦截器的政策并没有伤害用户，因为他们还是可以使用广告拦截器防止恶意软件，但是不妨碍广告的显示。[11]所以，这是双赢的。

移动设备将我们无意识的场合联系和记录下来，其实也是在替我们思考。市面上已经有一些应用程序在移动设备上将用户的位置和音乐库同步。移动音乐会追踪应用程序“乐队来城啦”（Bands in Town），在用户喜欢的乐队宣布在他们附近开演唱会的时候，通知用户并推送购票的链接。这样的做法并没有侵入性，而是为那些现场音乐爱好者提供服务。鉴于目前各种活动名目繁多，寻找和选择活动就需要花费大量的时间，同样的概念也可以推广到社区服务项目或者组织聚会上。应用程序可以帮助用户做这些工作，并且将与用户最相关的信息推送给他们。只要更多地使用此技术，我们就会接收更多的建议。有一些广告将智能手机变身为管家或者看门人。有研究表明，大部分的智能手机用户都想要通过质量和相关性高的广告获得这种“有人看门的感觉”。

人们想要选择和自由，但是又很容易因为有太多选择和自由而不知所措

想要了解第三种矛盾，只要想想“晚上吃什么”这个问题就豁然开朗了。你当然不想每天晚上都吃一样的东西，因为那样就变得索然无味。你想要选择的自由和可供挑选的选项。但是，当你在应用程序上查看附近餐厅的时候，那么多的选项也会让你不知所措：吃印度菜？希腊菜？还是意大利菜？汉堡？泰式炒河粉？

还是寿司？即使你在逛超市，你也不知道当晚到底要做什么菜，由于选择太多，你在超市选择的时间很有可能比最终做饭的时间要长。

巴里·施瓦茨（Barry Schwart）在他所著的《选择的矛盾》（*The Paradox of Choice*）一书中解释了“选择的矛盾”源于“选择超负荷”，以及为什么多即是少。[12]他说明了减少选择可以大大降低生活中的压力、焦虑和忙碌。李贝贝（音译）、帕诺斯·伊佩罗蒂斯（Panos Ipeirotis）和我在分析旅行城市（Travelocity）和猫途鹰（TripAdvisor）等旅游搜索引擎的酒店预订数据的时候，也发现了同样的结果。酒店的搜索引擎提供个人化的服务，更多的选择最终却不利于公司收入。[13]这些搜索引擎有一种“积极的”个人化模式，可以让用户自定义排序算法。另外一种“被动的”个人化排序模式就不允许用户自定义排序算法。“积极的”个人化排序体系比“被动的”系统的销售率更低，收入更少。伊特马·西蒙森（Itmar Simonson）和希娜·艾扬格（Sheena Iyengar）在“选择超负荷效果”领域做了突破性的研究。[14,15]

因为信息超载和决策失灵，在决策过程中向客户提供太多的信息，只会使购买量下降。客户一次只能处理一定量的选择，慢慢筛选，最终做出好的抉择。这种做法没有限制我们的自由，而是消除了因为选择太多而产生的不知所措的感觉。

不管我们有多么渴望多种选项，当我们知道所有可能的时候，也做不出一个明智的决定。这也极大地推动了在线点评网站的兴起，从对餐馆的点评（Yelp）、产品购买（亚马逊）到职位搜索

（Glassdoor）。我们想要知道即将接触的事物到底怎样。这样就可以把选择的余地缩小，因为其他人已经试过或者验证过了。Match. com 和 eHarmony 也运用同样的思路，提供将成百上千的候选人缩小至配对成功率更高的一拨人的工具和算法，从而提升了红娘服务。

人们想要保护隐私，但是又越来越多地将个人数据当作货币使用

客户听过很多隐私被侵犯的案例，所以他们想要保护自己的个人信息也是情有可原的。与此同时，储存信用卡、密码、亲友联系方式等信息的便捷太吸引人，所以即使存在潜在的危险，大家还是将信息上传并公开了。我们使用脸书或者推特的账号和密码登录其他网站，使得上网的设备能够获取更多的信息，比如联系人、兴趣爱好，甚至还有与登录的应用程序无关的购物行为信息。为了省去设定新密码的麻烦，我们中的很多人选择牺牲自己的数据来换取方便。简而言之，我们理解在移动经济中保护隐私的重要性，但是实际上我们的行动是另外一回事。

大量的客户愿意交出自己的信息以获取更好的零售购物体验。在美国和英国对手机用户展开的调查显示，他们中的 40% 愿意提供位置信息来换取相关的货品和服务。与此类似，40% 的人愿意简单描述自己的购物习惯，以此换取免费的产品和服务。[16]李奥贝纳公司（Leo Burnett）的创新发展部副总裁尼克·琼斯（Nick Jones）认为，越来越多的 80 后、90 后和部分 95 后都在使用近场

通信、移动支付和类似的技术。他们都愿意用数据隐私交换个人化的服务。[17]51%的80后、90后说，只要有回报，他们愿意和公司共享信息，而40%的35岁及以上的人士也持同样的观点。[18]

然而，在信息开放的年代，这群人更清楚认识到的是，一旦数据泄露，就会有隐私曝光的风险。一旦涉及采用保护隐私技术，将自己的数据用作货币的人群也比老一代人更知道该怎么办。但是，消费者看待数据的价值和品牌对待数据的方式并不一致。在英国和美国进行的隐私视角研究对此有十分精彩的总结：客户要求自己的数据获得公平交换，希望和品牌公司协商共赢。[19]

这意味着换取数据的价格日益上涨的模式即将出现。美国电话电报公司（AT&T）曾经采取了高速纤维互联网服务和谷歌光纤竞争，在堪萨斯州，该公司采用了一个和隐私价格概念相关且十分有趣的定价模型，服务收费和谷歌光纤相当，一个月70美元。但是AT&T有记录用户浏览和搜索历史的“互联网偏好”选项，如果用户不选择该选项，就必须每个月多交29美元。[20]客户虽然担心信息泄露问题，但这并不表示他们想要自己保存这些数据。卡韦赫·沃德尔（Kaveh Waddell）在《大西洋月刊》（*The Atlantic*）[21]上发表的一篇文章中总结道：“如果这就是数据交换的经济——用个人数据换取方便的服务，那么我们就正在目睹数据成为货币的开端——交出你的个人数据，然后你会得到真金白银。”

第二部分
塑造移动经济的力量

点击 解密移动经济的未来版图

接下来，我们将更深入地了解驱动客户购买决策的九大力量：场景、位置、时间、显著性、拥挤度、轨迹、社会动态、天气和技术组合。在每一章中，我们会跟大家分享相关研究和分析，展示各大公司是如何自信地利用地理围栏、地理定位和地理征地等新兴技术有策略性地影响一个或者更多力量的。你会看到现实世界的鲜活案例，解释移动广告的基本概念。你还会看到基于北美、欧洲和亚洲不同产业和品牌数据的研究发现，以此获得启发，用于实现自己的商业目标。这些研究都建立在真实世界客户的真实反映之上——地铁、购物中心、电子商务平台和线下实体店——而不是取自实验室的数据。来自不同行业的数据可以用来指导怎样将数据货币化，很少有其他的战略战术可以做到。一旦企业掌控好九大力量，移动营销就能够真正实现更高的优惠券兑换概率、更多的收入、更高的参与度和客户满意度，等等。如果你是客户，你就会在每一章看到企业如何运用兴起的移动技术营销产品和服务的洞察和实例。

没有其他平台能够像移动平台一样充分利用全部的九大力量。

移动平台结合即时性和场景，在正确的时间、正确的地点、正确的商家，给予客户正确的动力购买正确的产品。

将这些力量理解为庞大而快速增长的主体也很重要。但是，学术研究也表明在某些情况下，精彩的直觉观念也有可能“擦枪走火”。不遵守“规则”的反直觉行事会遏制客户冲动，而商家的本意是刺激冲动。工作日发生的客户行为却不一定在周末出现；如果目标客户的社会动态发生改变，或者企业对消费者的购买场合不太确定，那么在某个位置和时间行之有效的广告可能就没那么成功，甚至会遭遇失败。

只要集中投入，企业不仅能够改变消费者对产品及品牌的观点以及与其互动的模式，也能够更加容易地寻找正确的客户，更加明确目标客户，更快地赢得客户并给予客户回报，更持久地维护关系。就在你看这本书的时候，各大企业正在不停地创造和改进。[1]但是，在其中获益的并非只有企业。

当企业挑战自我，创造性地运用自身的洞察和数据后，消费者就能够找到更加相关的产品，和最能满足自己需求的供应商互动，管理短期和长期的“待办事项”清单，事先计划，做出更好、更明智的决定。他们五年前甚至无法想象可以如此快速、高效且大规模地完成以上所有事项。

这激发了消费者对广告的开放态度，特别是当广告出现在私人又私密的手持设备上的时候。更多的消费者，特别是 40 岁以下的消费者，慢慢接受了他们和为他们提供服务的企业之间各取所需的关系。[2]当然，在世界各地，情况各有差异。巴西和中国的消费者比美国和英国的消费者更有可能点击有相关性的移动广告。[3]即使在美国，随着消费者越来越倾向于和移动广告互动，其行为模式也在迅速发生转变。本书中的研究和实验证明，只要营销者愿意维护上述平衡，并且为消费者回馈实在的价值，世界各地的消费者都在缓慢却稳步地向信任营销者的方向靠近。各取所需定义了数字关系，双方对此都能接受。

移动设备是将消费者利益最大化、侵入性最小化的极佳中介。如果营销者在移动装置上的吸引方式得当，消费者的反应已经清楚地表明最终的影响是巨大的。[4]企业可以将智能手机转变为我们的看门人、我们的私人管家——而不是跟踪狂。

想一想那些已经将你的智能手机变成看门人的应用程序。你启动轿车，应用程序马上告诉你交通状况和到家需用时长，因为你很有可能是在回家的路上。如果你在外面跑步累了，那么应用程序可以告诉你买水和能量棒的地点，应用程序也可能会提醒你在临近店铺的礼品卡还没有兑换；应用程序不仅可以为你提醒航班时间，还可以为你查询飞机上的娱乐节目，选择想看的内容；你经过地铁站，应用程序会告诉你延误时间和下一班列车到达时间。这些例子只是既成事实的冰山一角而已。[5]

凭借直觉也许很容易就可以判断出九大力量中的任意一种。经典经济学告诉我们，公司打折，其产品就会热销。我们的直觉告诉我们，消费者会到离自己近而不是远的商店购物，并购买出现在搜索引擎或者购物应用程序最上面的商品。如果天气好，人们就愿意出去购物，不管是走路还是开车。

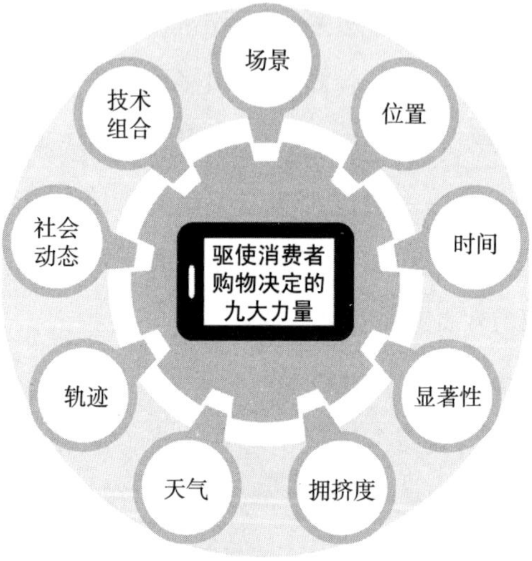

图Ⅱ-1　驱使消费者购物决定的九大力量

移动广告的影响力来自这些力量的组合。有没有一些时候消费者忽视旁边商店的商品而选择离得较远的商店呢？什么时候消费者会忽略原本可能感兴趣的移动广告呢？一旦发送移动商品广告给消费者，给他们多长时间接受提议呢？什么样的目标定位可以让一家企业抢到竞争对手的生意呢？在拥挤场景中向消费者发送移动商品广告，是会提升还是削减他们的购买意愿呢？实时的天气会影响移动营销的有效性吗？什么类型的移动营销对高收入的消费者来说是最有效的？移动营销对单身人群还是结婚人群更加有效？针对更大的人群还是更小的人群？网络广告和移动广告是互补还是互相代替？这些都是我将在本书中回答的问题。

在我们把自己沉浸于九大力量之前，我们应该停下来思考移动经济很重要的一个方面。我们都十分清楚人们在分享自己的信息或者允许第三方通过智能手机和其他方式收集信息的过程中，会有隐私泄露的风险。

当数据分析员深入我们的生活分析数据的时候，即使其动机纯良，他们也依然可能触动大众敏感的神经。有一个很著名的案例是塔吉特公司（Target）开发的寻找孕妇的预测模型。通过追踪20多个商品的购买记录，塔吉特公司很自信，因为其不仅知道这些妇女是否怀孕，还知道她们孕周几何，于是公司便向孕妇寄送婴儿产品优惠券。有一次，一位父亲生气地质问塔吉特公司为什么要将优惠券寄给他十几岁的女儿。只不过后来——通过塔吉特公司间接的、他的女儿直接的告知，这位父亲发现女儿的确怀孕了。[6]

但是，相对于个别敏感案例，有更多的案例来自人们高兴地分享自己的场景数据以换取需要的信息。这是一种重要、规模庞大但是没有被开发的价值创造形式，智能手机的兴起以及人们的手机成瘾都加速了这种价值创造。企业有能力、有动力追加投资到数据收集之中，将其转变为有利可图的营销策略，而这些策略使得消费者的生活更加便捷、简单，压力更小。所有这一切都围绕着场景而生。

不过，企业维持平衡至关重要。Syniverse科技公司移动业务部的高级主管罗伯·哈蒙德（Rob Hammond）的总结很能说明问题：

我们需要明白，我们与客户的关系主导了我们的行动。

> 我将此称为“诡异的/酷的”因素。这很像对泛泛之交吐露了过多的隐私，别人就会回避一样，如果品牌的做法超过了客户的舒适程度，客户就会撤退。相反地，如果一位朋友分享了只有你们俩懂的事情，这就是一种有益的经历，你会生出想要听更多的欲望。[7]

有人不禁会担心移动生态会遭到滥用，所以我在此引用一位观察家的警告：“在这种情况下，过分具有侵略性的广告并不是目的，而有必要让人们更容易地获得自己所需的东西，以便促进更好的业务关系。”[8]

促使这种生态系统成功的关键在于企业意识到相互尊重是任何关系的重要因素。这意味着企业需要了解什么时候、以怎样的频率和消费者沟通。正如一位观察人士所说：“不管是两个人还是一个人和品牌互动，都可以视为关系。关系需要时间才会生发，而且需要培养。换句话说，仅仅因为我们可以利用技术在移动设备上进行沟通，并不意味着我们应该这么做。一切都是围绕场景而生的。”[9]

这听起来更像看门人——私人管家，而不是跟踪狂。

第四章

场景：正在发生什么

试想你一个星期需要养活5 000个人，而且你只有一次机会获得需要的补给。但是你又不能随便给他们吃东西。这些人希望获得一流的体验和各种花样，所以你几乎不能犯错。如果你能够了解这5 000个人就再好不过了。

这对游轮上的厨师团队是个挑战。他们研究趋势和模式，根据线路、季节和游客情况来调整菜单。他们甚至在天花板上安装摄像机以查看客流并为就餐高峰做好准备。[1]分解和分析信息可以走得更远。例如，游客的国籍很重要。船上有比较多的德国人或韩国人意味着需要更多的猪肉；有更多的美国人意味着需要更多的鸡肉和牛肉。女士人数较多意味着需要准备更多的恺撒沙拉。[2]美国人喜欢松脆曲奇饼，欧洲人喜欢酥脆的饼干。[3]

然后他们为饮料做准备，特别是酒精饮料。知道欧美人喝不同的酒当然有帮助，但是模式分析可以更加深入细节。有一些游轮将过去两个月的情况与去年同期做比较，然后根据季节调整游轮类型（奢华或平价）。[4]游客的年龄也很重要，游轮必须随时准备应对巡游期间的特殊活动（比如体育赛事），因为这样的活动会改变游客的需要。[5]

游轮运作的协调工作繁重得令人生畏，其目的无非希望给游客留下积极而印象深刻的经历，让他们回去做宣传，也许他们会再次光顾。游轮策划人努力去了解和适应我称之为“场景”的情况。不论我们是客户还是服务于客户的企业，场景是指导决策的所有因素、情况和行为的综合。

那么，怎样使游轮策划人做好自己的工作呢？他们不仅拥有客户的历史数据，而且也有未来客户的数据（即将上船的客户）。虽然很多企业保存了历史客户的数据（比如会员卡），但是想要获得即将上船旅行的游客数据也并不容易。然而，移动渠道正可以成为极佳的战略战术工具。通过利用多种移动技术，企业可以驱动消费者在任何时候走进店铺。企业还可以做到更多：将历史数据和移动设备的实时信息相结合，企业可以影响具体是谁走进店铺。

从企业的角度来说，你的物理位置附近一定的方圆领域就像一艘游轮。你越清楚谁在领域之内，谁喜爱你的品牌或者品类，你就越能做更多的事情来吸引他们，让他们觉得自己是受欢迎的，由此能够达成交易并且赢得客户的忠诚。但是，你又怎么知道客户是谁呢？

在没有互联网的年代，回答这个问题只能靠猜测，企业主最多只能做到这些。他们会查看人口数据，简单地根据年龄、性别、外貌特征和消费能力做基本的判断。随着 21 世纪的到来，绝大多数潜在客户逛街的时候都随身携带手机，回答“谁”这个问题不只是我们能够做到的最好情况，这甚至都不算是一个好的开始。

我们不同的化身：发掘我们的模式和情绪

在移动经济之中，想要知道客户是“谁”，关键在于辨别每个客户的不同角色。这需要每周、每天的投入。消费者的角色或者模式根据场景不同会有变化。我每个星期天都带女儿上武术课，这就是“家长模式”；在每周三下午和客户开会，提供咨询的时候，我处于“工作模式”；当在机场休息室和家人等待登机的时候，我处于“家庭模式”。当处于“家长模式”的时候，鉴于接下来一个小时都要观看女儿上课，我理想中的广告是一杯打折的卡布奇诺咖啡优惠券。当处于“工作模式”的时候，对我来说最佳的产品广告最好来自提供酒水打折的酒吧。

如今，搞清楚客户是谁已经不仅仅是去了解他们的不同角色，这是一个多维度的概念。今天，将场景为我所用意味着知道以下三个问题的答案。

- 客户为什么出现在那里？
- 客户现在需要什么？
- 客户现在有什么感觉？

这些问题乍一看很简单。但是当我们在本章和第二部分的部分章节中对其一个个细致分析的时候，你就会发现这些问题有多个层面，而答案也是强有力的，特别是在分析这些层面之间的互动以及与九大力量互动的时候。“场景”是基本的力量，九大力量在此基础上为消费者创造前所未有的经济和社会价值。

让我们试想一个简单的场景。一个人每天早上到连锁咖啡店点一杯常喝的咖啡，然后乘 20 分钟地铁去上班。如果天气宜人，他走路或跑步上班，然后再喝咖啡。中饭的时候他会订在办公室几个街区以内的外卖，除了周三，因为那时他会和一帮朋友聚在一起吃午饭。但是如果工作压力很大，他的午餐就亘古不变：外卖，不出门，准备加班。一个星期总有一两次，他会乘坐同样的地铁线路出去吃晚饭、看演出或者和朋友一起观看体育比赛。

上述例子中的人可以是在角落办公室拥有站立式办公桌的 50 多岁的经理，或者是刚大学毕业窝在格子间的新人。这个人可以是有两个正在上大学孩子的单亲妈妈，或者是同样年纪的未婚男性。但是他们的活动有交集，比如跑步。安德玛公司（Under Armour）挖掘处于不同人生阶段，从事相似活动的人群的差异。[6]虽然客户的生活方式和身体状况时有改变，但是该公司利用从可穿戴设备上收集的数据使产品线保持相关性。2013 年，安德玛公司收购了健身追踪应用 MapMyFitness，从而获得了后者公司平台上 2 000 万注册用户的数据。[7]

事实上，我们在每天的生活中都有不同的情绪和模式。我们的情绪决定了我们吃什么、喝什么，我们有多任性、多活跃，以及我们想要寻找什么。我们庆祝，吃暖心的食物，放纵自己，抑或禁欲，也都取决于我们的感受。与此同时，我们的行为和决定取决于我们所处的工作模式——家长模式、家庭模式或者其他任何一种模式。

消费者历史久远的线上浏览和购买记录，加上过去十年智能手机深入到我们生活的方方面面，积累了揭示模式、偏好和驱动力等一连串数据。这些数据还没有被完全开发，我们只是根据经验进行猜测。我们每一次打开手机，数据的体量和深度都会增加。消费者将自己的数据交给企业的意愿越强，企业就能越高效地改善他们的生活——虽然企业也从中获利。

我们都对智能手机双向交流的功能十分熟悉。给朋友发信息，收发邮件，在社交媒体上与朋友互动，和同事交换信息，和不同的商家交易。有时候还会像以前一样打个电话。

另外一种双向交流是将消费者的信息和第三方进行交换，第三方反过来又让消费者的生活变得更便捷。我意识到，对很多人来说，这需要他们调整自己的舒适水平，但是我相信假以时日，一旦消费者认识到各种好处，结果一定是利大于弊，消费者的恐慌也会被抵消。如果各类服务于消费者的人群和商业组织（从店铺、餐馆到专业人士、商人，再到娱乐和旅游服务提供者）更加懂得消费者和任意时刻的场景，消费者就可以节约时间和金钱，收获满足以及平和的心境。

在第二部分的剩余章节里，我们会讨论购物决定背后的其他八大力量，这八大力量使得移动广告极具冲击力。这些力量——位置、时间、显著性、拥挤度、轨迹、社会动态、天气和技术组合——来自我们如何回答前文中的三个基本的场景问题。但是在继续推进之前，我们先来看看以下几个问题以及移动数据在解决这些问题中所扮演的角色。

客户为什么出现在那里

这个问题综合了各种场景元素，包括心理因素。消费者的动机影响购物决策和对于刺激的反应。差别体现在有计划的购物和冲动购物上，他们是从网站还是销售代表处收集商品信息，又抑或他们在最后一分钟购物？更微妙的差异包括购物的紧急程度，由谁推荐（朋友、家庭或伴侣），以及决定的可能后果。

从消费者的角度来做思考。买六扎啤酒、背包或者为衣橱添置新的外套所涉及的每一次交易都不一样，即使购买的物品并无二致。你想要啤酒，是自己马上想喝呢，还是为晚上你举办的游戏之夜进行采购？有朋友从外地赶来参加吗？你会参加一个为了看季后赛的临时聚会吗？为了参加持续一个星期的夏季远足之旅，你可能需要一个背包，如果体育用品商店或者特殊商品店铺推出适合的优惠活动，你可能会考虑提早购买。四个星期后，你会在另外一个城市开始一份新的工作，或者你要第一次与伴侣的家人见面，于是你就可能需要一套新衣服。

所有这些因素都有助于定义场景。它们可能会影响消费者购买的品牌、购买地点、购买意愿，甚至会影响消费者想要“买对”以及给人留下好印象的需要。

如果智能手机成为与企业沟通的双向渠道，那么试想一下各种可能性吧。一位客户需要买新外套，如果在她还没有踏进纽约第五大道的商店之前，就已经把码数、风格、颜色、场合和预算的信息告诉了商店，她的生活会有多大不同？如果第五大道精品百货店萨克斯（Saks）或者布鲁明戴尔百货商店（Bloomingdale's）做到了提前服务，比如事先给她寄过优惠券，然后她直接走进商店，走到要去的地方，全套服装正在试衣间等待她试穿，这样不是棒极了吗？以这种方式分享个人信息，将智能手机从一个简单互动的工具转变为让他人帮你工作的口袋管家。当然，我也承认有些人认为购物很有趣，刚才提及的效率对喜欢逛街的人来说不算是相关性因素。

企业如果拥有不同时间和位置的场景数据，就有改善服务、影响最有价值客户的可能。以各种活动为目标的营销尤其如此。[8]想一想，在麦迪逊广场花园（Madison Square Garden）里举办一场活动，那里有各种各样的小摊贩。活动性质不一样，来花园的人也不同。场地的管理要照顾到客人的利益，定制什么样的商品和食品，这些都取决于当天是尼克斯队（Knicks）或流浪者队（Rangers）比赛，还是贾斯廷·比伯（Justine Bieber）的音乐会。来到麦迪逊广场花园的人不一样，场景也大相径庭，场地的管理将从创造内容中获益，因为这样可以显示出其了解到场的客人。

客户现在需要什么

消费者对需要被满足的期待也可以充实场景内容。需要有心理需求和实际需求两个方面。不论是早上的咖啡，夏日的冰激凌，还是辛苦一周后的一杯酒，大多数消费者听到“和往常一样吗”的时候，都会露出微笑。因为这个问题让人觉得舒服惬意，而且员工看见客人走进来，由于了解客人就可以更快地服务，将产品交到客人手上。

但是，多数消费者都没有意识到他们其实有更多的“和往常一样”。他们购买的杂货、家具、娱乐和旅行产品往往都遵循可量化和可预测的模式。由于在现实世界里搜寻成本和交通成本较高，所以消费者什么时候出现在哪里可以显示他们的喜好和习惯，以及他们另外的“和往常一样”。作为营销者，即使在线上或线下第一次碰见客户，了解越多的“和往常一样”，就越能更好地提供服务。

再回到啤酒和背包的话题。消费者在购买背包的时候，不只是需要背包本身。他们可能还需要建议、流畅友好的购物体验、简便的送货和退货的条款等服务。他们可能也需要其他的旅游配件，比如水杯、额外的衣服、撑竿或者眼镜。

每一个消费者对服务的质量和类型都有期待。店铺里的线下情况往往就像猫鼠游戏一样，客户会问销售员 20 个问题。为了避免购买超出原计划的商品，你可能会先在网上搜索调查，再问问题。你自己找不到想要的商品，略感烦躁；又或者你直接找销售人员，告诉他们你旅行的细节（目的地、从事的活动、持续时间、预计的天气和旅行团人数），销售人员就得对你的问题立即做出反应。

线上情况则是另外一番图景，对此我们将在“显著性”一章中详述。消费者在网站或者应用程序中搜寻背包（也可能同时使用两种方式搜索），需要在二维的小屏幕上筛选几十到几百个结果。

在两种情况之下，如果事先将她的需求（产品）和需要的方式（服务）告知附近的店铺，鼓励它们之间开展竞争，就能达到“正确的销售”效果。试想，如果店铺不仅事先知道她即将开始的旅程，还知道她以前的远足，甚至知道她的人生愿望清单之一就是穿越尼泊尔或者攀登马丘比丘，那将是一番怎样的场景？

新的考量：运用轨迹获取“往常”

获取“和往常一样”信息最简便的方法是从过去着手。消费者的购买历史反映和揭示了他们的习惯和倾向。假以时日，他们会留下去过的地方、逗留的时间、购买物品、价格和时间（确切的时间点，哪一天，月份或者季节）的记录。这种记录存在于线上和线下的两个世界。我将过去线下的活动称之为消费者的轨迹。

用户个人的移动轨迹和位置广告的关系就像视频和快照的关系。如果一张图片包含千言万语，那么视频呢？快照也包含场景信息，但是并不能像视频或者轨迹一样反映和揭示模式或倾向。

移动轨迹包括消费者曾经去过的地点、时间、逗留时长以及整体场景。衡量轨迹对于了解消费者的内在偏好和创造两大益处至关重要：卓越的用户体验和更好的营销策略。我们将在第九章深入探讨“轨迹”，因为它本身就是不容忽视的一股力量。

在未来，“场景”最令人神往而又有利可图之处在于为企业预见未来。当我们将某人的轨迹用来预测未来，或者利用他的个人信息和正在从事的活动将他与预计的轨迹进行匹配，就可以预测他今天、明天或者从今天算起的一个月、一年以后可能要做什么。回想一下第一章中的行为矛盾：消费者认为自己很随性，但实际上他们只是自己“往常”的组合或者同样主题的变体而已。这听起来有点难以置信，所以西雅图的一组研究者决定一探虚实。他们分析了 703 名不同背景人员的 32 000 天的 GPS 数据，结果显示：企业有可能预测几个月甚至几年后你在哪儿。[9]我们的行为比自己认为的更加可预计，经常点击手机的我们，为旅行模式提供了绝佳的数据来源。

客户现在什么感觉

这包括客户的心态和社会动态。在纸质材料里，客户是谁在今明之间不会有变化。客户可能根本就不会更新网站上自己的基本资料或者智能手机的设置。但是，他可能明天就感觉不舒服，或者直接病倒了。如果他感觉很好，就有可能跟朋友、伙伴或者孩子出门。我在本章开头就写过这些“模式”。正如预期一样，消费者根据感觉和伙伴而改变自己的行为。我们在有人陪伴、独处或聚会的时候，反应是不一样的。当身边簇拥着人群时，人们的行为和感受会发生改变。

我一再强调，只是空洞地应用上述想法是不明智的。场景包含很多变量，企业必须考虑所有变量，才能完全了解潜在客户对移动广告的接受度和反应。举个例子，我和同事将一个大型购物商场作为场景进行研究，结果显示，相对于平均收入水平的人群，高收入人群在单独购物时比在和其他人组成社会团体一起购物时，更有可能对移动广告做出反应。[10]

新的考量：微小时刻和即时营销

如今，当企业和客户面对事实的时候，知道“如何去做”是会影响现实的。今天，客户在一天之内可能面临大大小小好几次即时时刻。谷歌将此称作“微小时刻”。每次你搜索或者买单的时候，都会留下时间标记。很多微小时刻的搜索是基于本地的，而且消费者购买的可能性较高。营销者需要在消费者需要帮助时现身，而不仅是花时间提高品牌意识，因为仅仅这么做缺乏即时性。场景移动能够帮助品牌提供即时的支持。预计到消费者可能的搜索，苹果搜索（Apple Spotlight）和脸书甚至在你开始搜索之前，就为你提供了量身定做的即时推荐。[11]根据一天中的不同时间，苹果搜索会弹出热点搜索的建议，比如咖啡厅、加油站和熟食店等。只要轻轻一点，客户就可以进入地图页面，查找商家的具体位置。在众多场景营销公司中，苹果和脸书只是两家杰出的代表。

最近，帕纳约蒂斯·亚当莫布罗斯（Panagiotis Adamopoulos）、薇尔玛·托德里（Vilma Todri）、亚历山大·图日林（Alexander Tuzhilin）和我在一份关于场景移动营销有效性的研究中，分析了消费者在移动应用程序中对不同商家提议广告的反应。[12]提议广告涵盖当地的场馆，比如餐馆和酒吧。我们的数据囊括美国十大热点城市的12 119个场地，采访了美国境内最大的移动城市向导应用程序之一的几百万名活跃用户。我们发现，比起专家的建议或者根据历史数据提出的提议，消费者更加显著地受当前时髦的场地“即时”建议的影响。“即时”建议频率每增长10%，消费者需求就提高7.1%，结果明显地证实了场景移动影响的程度。

世界上有几家公司正在运用消费者的场景数据来传递相关的信息，释放移动经济的潜力。通过与Nearbuy公司的CEO和联合创始人安库尔·瓦瑞库（Ankur Warikoo）在网上的交流，我了解到Nearbuy就是这样一家公司。Nearbuy通过结合用户的位置信息、一天内的时间点以及用户的历史行为信息，尝试推断出每位消费者的“为什么”、“是什么”以及“怎么样”。Nearbuy知道用户浏览的内容、喜欢什么、买了什么以及在过去放弃和分享的内容，也知道用户经常去的场地（还有用户的办公室和家的位置）。将消费者的行为模式和场地情况互相对照，就建立起用户什么时候在哪儿的场景数据。所以，当用户输入班加罗尔、德里或者孟买的特定标注地点时，Nearbuy应用程序就给用户推送营销内容的通知。该通知会根据一天内的时间点量体裁衣。如果是早上，通知可能会是早餐或购物信息；如果是下午，通知内容就是午餐、水疗或者电影；如果是傍晚（比如周五傍晚），通知可能会推送酒吧、俱乐部或餐厅。Nearbuy 将位置、时间和用户行为历史信息结合起来，获得了 30% 的高点击率（普通通知只有 4% 的点击率）和 12% 的交易率（普通通知只有 7%）。

思考和启发

移动营销成功的秘诀很简单：消费者提供实时场景数据，企业用数据激发和传递更大的价值。但是，为什么消费者和营销者之间的共生关系看起来又那么脆弱呢？或者，换一个更好的问法，即智能手机和设备是否为跟踪狂开了一扇门，抑或是否为私人管家或看门人解决问题，使我们的生活更美好而打下基础呢？

消费者可能有一点心神不安，因为他们的数据是点燃移动经济的燃料。没有这些数据，我在本书中描述的所有技术和方式都会变成关于“如果……会怎样”和“要是以前……会怎样”的理论。企业也十分小心翼翼，因为其内部对此的接受程度也不太一样，有些人说是好主意，有些人说真有效果，还有些人说我们必须这么做。

在本书第二部分的剩余章节里，我们将看到企业其实不太愿意用广告对潜在的客户进行疲劳轰炸，更何况客户在很多情况下都不想接收广告。企业必须寻找平衡，并挑选目标客户。企业和客户的目标分别是实现企业的盈利和客户的良好体验。信息流不畅或者欠缺都会阻碍这种体验，而智能手机就是洪水的闸门。打开闸门，你就可以降低或者去除障碍。

芝加哥的蓝调音乐家安东尼·莫泽（Anthony Moser）写了一首叫作《谷歌在倾听》（Google Is Listening）的歌，歌中一一列举了他认为谷歌知道的事情。《波士顿环球报》（*Boston Blobe*）一篇题为《我们的历史位置历史信息可以窥见未来的原因》（Why our location histories are a glimpse into the future）的文章突出了一种紧张状态，即脸书、谷歌之类的公司收集的数据和其处理数据的方式不匹配。文章的作者同意交出“自己的坐标和手机的电池消耗”信息，结果吃惊地发现，脸书不只告知了他的朋友就在附近，而且也追踪了他携带手机期间的所有活动。他发现了其中的好处、风险和利益交换。[13]

对消费者来说，参与就意味着交出他们的数据。但是这并不是要他们对自己的数据隐私妥协，而是认可一种观念，即在智能手机上找到的信息会让生活更加便捷。而且，这种情势会在未来持续改观。随着消费者与企业建立各取所需的关系，他们就会将数据交给企业，企业反过来会提供与消费者场景相关的产品推送。消费者对品牌和零售商提供的结果要求很高。

对企业的启示

消费者实现交易的意愿日益强烈，并愿意分享自己的信息。企业的任务是珍惜他们的信任，向消费者反馈相关且简单的信息。这种关系需要假以时日才能成熟，而且需要培养。如今企业掌握的信息是过去的公司只能通过推断得出的信息。企业如何利用好庞大且不断增长的信息呢？最好的方法是记住以下几点。

- 确认并利用好客户的“和往常一样”（习惯、偏好和行为）是制定场景移动营销策略和释放移动经济潜力的第一步。
- 移动设备的数据可以帮助企业辨别消费者历史（为什么）、个人（是什么）和心理（怎么样）的场景。这三点形成了场景移动营销策略的核心。[14]
- 一家企业拥有可以和潜在消费者随时沟通的技术并不表示它应该这么做。企业应该等待正确的“微小时刻”，[15]将工作重点放在推送更少却更相关的信息上。企业拥有足够的耐心，信息就会真正地结合场景，消费者就会认为移动设备是看门人或私人管家，而不是跟踪狂。

第五章

位置：为什么地理位置很重要

想一想你去过或者经常去的地方。大多数人的地点是家里、工作单位、家乡、一小撮常去的地方、日常路线、去过的或远或近的目的地。

即使将“位置”缩小至一个具体的地方，我们对一个地方的概念依然是很不一样的。这些差别就存在于我们如何形容和定义那个位置。回想一下前面章节提到的那个人（根据 GPS）正站在纽约市 49 街第五大道的角落。我们就叫她琳达吧。她的电话响了，于是她低下头，看见了短信中再简单不过的问题：“你在哪儿?”

位置的定义

现在思考一下她可能的回答。

- “我在 49 街第五大道的东南角。”这是从字面意义上，她能给出的最精确的地理位置信息。如果她打开地图应用，寻找某个地点，就可以看到自己的位置被标注成一个圆点。

- “我在市中心。”意思就是在曼哈顿的中心地带。但是，这条信息并没有显示她将要去哪儿、她为什么到这里来以及她要逗留多长时间。
- “我在曼哈顿。”这个回答有用但是不够精确。从地理层面来讲，曼哈顿占地范围很广（差不多22.8平方英里），很多人在回答城市名字的时候（比如纽约、圣弗朗西斯科或者洛杉矶），指的都是城中心，而不是指这个城市以内的所有地方。
- “我在距离51街车站一个街区的地方。”她可能正准备乘地铁6号线，离开当前所在的位置。
- “我站在第五大道的萨克斯商店旁边。”她说出了最近的零售商场，用标志性建筑来说明她的位置。
- “我在洛克菲勒中心（Rockefeller Center）对面那条街。”她用了另外一栋建筑当标志性建筑，但那并不是离她最近的地方。
- “我在离纽约无线电城音乐厅（Radio City Music Hall）几个街区的地方。”在这个描述中，她用了两个标志性建筑定义了她的位置（又是一栋著名建筑），同时增加了距离。
- “我在回家的路上。”这个回答说明她认为问题的意思是：“你现在处于日常路线的哪个阶段了？”而不是询问精确的位置。
- “我离餐厅还有20分钟。”这个描述将时间元素和一个并不是离她最近，但是具体且双方都知晓的地方结合起来。

- “我不太确定。”这个回答说明她对当下区域不熟悉，即使有标志性的建筑。

可能的回答还有很多，但是你应该注意到，位置的概念不是用 GPS 坐标就能定义的。我们可以用地标、时间、距离、方向、动机或者所有元素的集合来定义和形容位置。

正是因为描述的丰富多样，位置营销对于商业组织才是极具吸引力的机会。事实上，消费者回答“你在哪儿”这个问题的方式，说明了他们对广告的接受度以及什么样的广告（推送还是吸引类型）更适合他们。这些描述可以为客户带来好处，让他们被相关的提议广告吸引，更加有效率又便宜地完成任务。

过去很多年间，位置营销顶多就是利用邮政编码来定位目标客户。同样邮政编码区间的每一位消费者都接收到同样的广告。企业假设的前提是同一区域的消费者的社会经济和人口背景相似，所以偏好应该也是同质的。耐克发布由 NBA 球员代言的新产品时，比如最近的 LeBrons 和 Air Jordans，会瞄准投放特定邮政编码区域的电台和电视广告。

在当今的移动经济中，品牌可以定位得更为精准。企业不仅实时掌握某人去了哪家商店，甚至知道这个人站在商店的哪个走廊，还可以估计这个人正盯着哪个货架的商品。将传感器作为导航设备安装到 LED 灯泡之中，就可以实现上述目标。每一个灯泡都安装有可见光通信（VLC），发出的代码肉眼不可见。前置摄像头和智能手机的应用程序可以读取可见光通信。飞利浦已经在杜塞尔多夫和法国的超市里推广了此产品。[1]如果纯粹从位置的角度来看，没有其他做法比这种方式更加细致了。

我的意思并不是说图 5 - 1 中的零售商可以偷看每个经过店铺的人的私人短信。但是，将琳达的历史位置信息和她最近在店铺应用程序的历史浏览信息结合以后，有些零售商可能会推断出琳达的目的和当前的需要。她的位置以及她对自己位置的描述和看法，可表明她是或者不是针对性移动广告的合适目标。让我们假设她正在纽约市，要为第一天去新单位上班买一件衣服。为了回答“你在哪儿”那个问题，她如何看待和描述自己的位置也许千差万别，即使她的双脚站在同样的地方就没有离开过。

图 5 - 1　纽约市第五大道和 50 街区地图（谷歌地图）

地理意识：广告策略最基本的元素

对“你在哪儿”问题的回答，说明了计划和执行广告项目的复杂性，当然也包括基于地理位置的广告。

消费者的历史位置信息实际上可以显示他们的偏好。也就是说，他们的位置不可避免地会影响他们对营销广告的反应。彼得·祖布切克（Peter Zubcsek）、措尔特·考托瑙（Zolt Katona）和米克洛斯·萨瓦里（Miklos Savary）最近的研究证实了这个观点。他们利用了一个太平洋地区移动运营商的数据，结果显示即使在控制了人口和心理差异变量以后，[2]消费者的位置和他们对移动广告促销的反应也呈现正相关关系。经常到同样地点的消费者有相似的偏好，即使他们并不认识彼此。我将在第八章讨论“拥挤度”，到时会举另外一个行为相似性的例子。

据预计，实时的全球基于地理位置的广告（LBA）的总价值将从2013年的16.6亿美元增加到2018年的148亿美元，即年复合增长率（CAGR）为54%。基于地理位置的广告将占据移动广告和营销总额的39%。[3]企业可以利用位置信息向消费者推送定点位置广告（比如优惠券），这是“移动推送”的形式。推送广告意味着广告寻找客户，利用现有的技术“推送”优惠券、广告或者其他的消息到客户的设备上，当然最好选择在正确的时间和正确的地点进行推送。短信或者移动应用程序的通知都可以推送移动广告。98%的短信一般在90秒以内都会被阅读，[4]那么短信可以成为品牌与客户沟通实时广告的高效、快捷的工具。波希米亚吉他公司（Bohemian Guitars）、IHOP、E-Trade、美国航空公司（American Airlines）和彭博新闻社（Bloomberg）就在短信广告中取得了引人注目的成就。[5]虽然传递简单信息的短信十分有效，但企业越来越多地利用富媒体信息（RMM）来发送视频和图片广告信息。Express、Avenue 和其他品牌在使用富媒体信息发送移动广告方面，获得了很高的使用率和投资回报率。[6]

基于地理位置的广告在应用程序上也有另外一种形式，即“移动吸引”，用户有目的地浏览优惠券和促销信息。在移动场景下的“吸引广告”意味着客户直接或者间接地寻找广告。无论是集合多商户的程序，比如 Retailmenot，还是个体商户程序，比如塔吉特公司，消费者都会利用它们去寻找特定产品和服务类别的广告或者促销活动。消费者想要查看一批广告，说明他们很有可能会决定购买。

有一些公司已经在位置定位营销方面取得了不俗的成绩。[7]胡椒博士（Dr. Pepper）和其营销伙伴的项目实现了店铺访问量 200 000 次，并将公司的产品卖到了 25 000 个新的家庭。蒙特雷湾水族馆（The Monterey Bay Aquarium）和苹果公司合作，在水族馆现有的应用程序里增加了室内定位功能。它们在地图上标记了 200 家画廊，游客可以使用无线网络，通过一家品牌应用程序浏览画廊。游客可以查看包含展览的 35 000 种动植物确切位置的指南。美国南佛罗里达州的一家医疗提供商——纪念公立医院体系（Memorial Healthcare System）——希望找到新的病人，并且获得推销新的心脏风险评估的线索。所以，该公司和音乐流量服务商潘多拉公司（Pandora）合作，在网络、手机和平板电脑的不同平台上向不断移动的人群，特别是 40 岁以上的人群推送广告。它们运用地理和人口定位去接触潜在的消费者。结果，智能手机界面吸引的访问量增长了500%。在挪威，可口可乐与地理临近营销公司Unacast以及一家媒体公司合作，针对特定位置的电影爱好者推出室内营销活动。用户下载《世界之路》（*Verdens Gang*）（一家挪威报纸）提供的应用程序后，在电影开始前会被询问是否需要免费的可乐。差不多60%的客户点击了按钮，50%的客户兑换了免费可乐——鉴于可口可乐过去的移动广告平均点击率只有0.18%，这个比例非常高。

作为移动广告的一部分，LBA发展迅速是有原因的。知晓潜在客户的位置（或者客户离得有多远）使企业有意识地选择正确的策略，并且用正确的方式加以执行。这种知识的总称叫作地理意识。可获得的数据的广度和深度正在持续增长。从水晶屏幕获得的数据不只创造了可能性，还能够使营销者执行和调整成为可能。企业一旦发展了一定程度的地理意识，就可以制定三种宽泛的策略：地理定位、地理围栏和地理征地。

制定战略性的地理意识策略

基于位置定位的最基本形式就是地理定位。地理定位意味着商业组织知道（或者假定）从IP地址、邮政编码或者其他信息获得的网络用户的位置。在考虑了当地的场景（当下天气、大众口味）之后，企业利用位置数据为当地提供定制的信息。

当潜在客户进入定义的地理范围之内，地理围栏就发出信号。想一想纽约市的香蕉共和国和布鲁明戴尔百货商店。这两家商店定义了商店周围的一定区域（比如二分之一英里），如果走进该区域的人收到正确的激励信息，这个人可能会改变或者暂停自己的行程，然后走入商店。还记得站在纽约市49街第五大道角落的琳达吗？琳达所站的位置离两家商店都不到四分之一英里，如果两家商店都部署地理围栏的解决方案，琳达可能就会出现在那里。

地理征地在地理定位和地理围栏的基础上又向前迈进了激进的一步。征地的意思是，当客户进入或者接近竞争对手的商店时，为了诱使客户离开并赢得该客户，企业会向这个潜在客户推送优惠券。

地理围栏也可以帮助广告商弄清楚消费者什么时候在线下广告的视野之内（比如广告牌）。最近，一家名叫Skyhook的移动位置服务公司发布了一份报告，报告中的两个例子说明了这个观点。[8]试想一家像梅西百货（Macy's）这样的大型零售商在机场航站楼或者高速公路上购买了广告牌，这两个地点都可以是事先记录过的地理围栏的位置。当梅西百货应用程序的用户经过该广告牌，程序会记录该用户进入广告牌附近的地理围栏区域，并且将此信息和他此后的在线购买记录联系起来。或者，应用程序记录用户走进了纽约市的梅西百货，如果用户确实购物了，则广告商的做法就是令业内人士称道的。

最早实行地理意识战略的企业之一是史泰博公司（Staples）。2012年，《华尔街日报》的报道指出：办公用品零售商史泰博公司的网站在估计了客户的位置之后，在一天之内对同样的产品定出不同的价格卖给客户。[9]更加确切的做法是，如果竞争对手欧迪办公公司（Depot）或者马克斯办公商店（OfficeMax）离客户的位置在20英里以内，则史泰博公司就会打折降价。除此之外，史泰博公司在制定定价战略的时候，将一定位置范围内人群的平均收入也考虑在内。经常出现打折降价情况的区域的平均收入比那些出现更高价格的区域的平均收入更高。同一篇文章也指出，欧迪办公公司承认运用客户的浏览历史和电脑IP地址，在用户访问官网时显示不同的价格。

LBA迅速兴起，迫使企业必须打造自己的专长。那么是哪些因素推动了基于位置的移动经济呢？我和同事们做了好几项研究试图回答这个问题，以便帮助企业从参与移动经济中获得巨大的收益。

关于距离和折扣的传统观点

用户和品牌之间的距离，而不仅仅是位置信息，能够促进用户对广告的反应。有研究从不同视角支持了这个观点。如果促销活动离得近，[10]消费者就更加愿意参与，折扣可以吸引消费者离店铺更近。这个准则也适用于移动生态系统，它是地理定位和地理围栏的基础。直觉告诉我们，客户离得越远，就越不可能下单，这是很明显的。营销者可以去了解、测量、测试并利用距离和折扣之间的关系，寻找恰当的激励方式吸引潜在的客户。

有一项现场实验建立了距离和使用优惠券可能性的明确关系，实验的范围是各种餐厅。[11]客户接收优惠券的时候，距离餐厅越远，越不太可能到店消费。客户会使用基于位置的应用程序和朋友进行协调，并获得当地相关信息。[12]结合广泛应用的 GPS 技术，我们可以断定：商家在消费者临近销售点的时候再向其推送优惠信息，其营销成功概率会大幅上升。这也恰恰是阿维·戈德法布（Avi Goldfarb）、韩相弼（Sangpil Han）和我在 2013 年所做的一项研究的初衷。我们的研究证实了消费者用手机查询住地附近商家的时候，会点击商家的广告。[13]我们特意关注了用户对微型博客服务的印象和使用。和推特相似的是，用户可以发帖、读帖和评论帖子，帖子显示字数被限制在 140 字之内。如果超过了 140 字的显示限度，那么读者可以选择点击"阅读更多"或者查看其他相关媒体内容。其中涉及众多品牌，有不知名的品牌，也有像麦当劳和星巴克这样的世界知名品牌。离店铺距离越近，消费者越有可能点击帖子，在手机和台式电脑上都是如此。消费者更愿意选择离他们近的商家，不管他们是在家还是在办公室，甚至是在地下通道里手握手机的时候也是如此。但是，移动营销者最需要注意的是，移动搜索比电脑搜索的结果更胜一筹。用户和商家的距离每缩短 1 英里，电脑用户点击帖子的概率便增加 12%，而手机用户点击率则增加 23%。

新的考量：距离和折扣的权衡

我们现在将距离、折扣和相关的利益权衡进行量化。有一项大型的研究得出了精确而强有力的结果。多米尼克·莫利托（Dominik Molitor）、菲利普·莱切特（Philip Reichart）、马丁·斯潘（Martin Spann）和我与一家欧洲领先的电信供应商合作，完成了这项研究。我们的研究数据取自德国 374 个城镇的 3 544 家商家，研究持续了 14 个星期。

不出意料，商家的位置和消费者的位置相差越远，消费者越不可能选择消费那些通过手机应用程序发送的以广告形式出现的优惠券。但是，这项研究显示，距离的短板可以由金钱或者折扣来弥补！我们发现，用户和商家之间每增加 1 公里，用户选择使用优惠券的可能性就降低 2%～4.7%。但是，折扣增加 1 个百分点的效果等同于将用户和商家之间的距离减少 92～230 米。企业完全可以用金钱来缩小客户和商家之间的距离，换句话说，抵消距离劣势。

如果琳达想买一件夹克，她可以站在 50 街和第五大道的角落，用手机查找。如果她看到第五大道精品百货店萨克斯（距离不到一个街区）和布鲁明戴尔百货商店（距离半英里，差不多 800 米）都有这件夹克，布鲁明戴尔百货商店推送 10% 或者稍微少于 10% 的折扣信息给她，就可以抵消相比于萨克斯百货店来讲的距离劣势。琳达会选择去那儿而不是萨克斯。

如何看待琳达回答“你在哪儿”这个问题的重要性就在于此。如果她说“离 51 街车站有一个街区的距离”，她可能就没有打算在第五大道精品百货店萨克斯购物。这家商场可能只是她的选择之一，但很可能不是首选，甚至也不是次选。

折扣是否总能抵消距离劣势

新的考量：旅行的方向

现在让我们从另外一个角度看待琳达的状况。假设琳达计划买一件外套，当时是傍晚，她在回家的路上。影响消费者做决策的另外一个重要因素是其通常行走的路线。当消费者收到会让她偏离日常路线的广告时，她可能并不喜欢这种推送。即使推送的商家比在她上下班方向上的商家更近或者与其类似，情况也是如此。简而言之，如果琳达当时在回家的路上，萨克斯或者布鲁明戴尔向她发送了优惠券，但却是在办公室的方向，即使琳达最近打算买外套，她也会觉得这是一种干扰，而不是有用的信息。

最近，埃里克·权（Eric Kwon）、李东元（Dongwon Lee）、吴元硕（Wonseok Oh）和我做了一项研究。该研究与首尔最大的移动服务提供商以及公共交通系统管理局共同合作，结果发现，我们上下班模式的平均值相对于方差（没有遵循日常上下班线路的时候，是按照天来测量的）来讲，能够更好地预测我们对于移动营销广告的反应。当我们和往常一样在上下班路上的时候，我们更喜欢自己的“规则”带来的舒适感，而不是例外和干扰。如果我们脱离了日常路线，我们会比在遵循路线的时候更少地回应移动营销。

这意味着地处消费者日常路线的商家只需提供比处于消费者

路线反方向的商家更小的折扣，就可以吸引他们到店。知晓客户行走路线模式就成为战略优势。

新的考量：什么时候不适用 LBA

LBA 不是赢得所有客户的万能钥匙。在移动营销中常见的工具之一是二维码，又称作快速反应码。如果你还在思考二维码到底是否有效，那么你现在可以打消疑虑了。中国香港的王文波（音译）最近的研究调查了移动优惠券中含有二维码对于消费者最终使用优惠券的影响。[14]该研究不仅详细探讨了二维码的效力，也指出了地理位置和距离对于使用优惠券的影响。王文波在中国香港实施了两个大规模针对餐厅优惠券真实场景的实验，他发现，如果推送优惠券的餐厅离消费者比较近，仅仅显示优惠券二维码就会提高最终使用率；但是，如果餐厅距离比较远，就有可能带来不利影响。作者接着在实验室做了一系列的实验和眼追踪研究，揭示了这种影响背后的原因：只展示二维码会让消费者更关注使用优惠券的可行性，而不是优惠券本身。二维码需要消费者做出快速反应，所以他们显现出更强烈的偏好，进而选择离自己近而不是远的商家。但是，如果商家距离太远，欣喜就会变成失望，而这种消极的情绪会长期影响客户满意度和商家亲和力。

此项研究清楚地显示，如果企业推送移动广告，那么它们不应该将广告推送到超出目标消费者“最佳”距离以外。发送优惠券的店铺太过遥远会带来消极影响。商家本来是想让人们购买商品，结果因为离消费者太远，消费者没法做出快速反应，反而让其倍感失望。一旦失望过，他们再次回应你的促销信息的可能性就降低了。

新的考量：地理征地和偷走竞争对手的客户

如果你围绕竞争对手而不是自己的店铺画一个围栏，试图抢走客户，那么这时候会发生什么？地理征地是在地理定位和地理围栏的基础上再往前迈一大步，意思是当潜在客户进入或者靠近竞争对手店铺的时候，向他们发送优惠券，将他们诱引开来，从而赢得客户。

澳拜客牛排馆（Outback Steak House）使用此策略并获得了成功。以澳拜客店铺为核心，附近竞争对手方圆 10 英里和澳拜客店铺方圆 5 英里的范围都被画上围栏。当潜在客户进入划定区域后，一则投屏广告就会从天气预报应用程序或者其他基于位置的应用程序中弹出来。广告会提醒消费者澳拜客的特色商品，点击进入就能看到最近一家店铺的位置。澳拜客公司宣称通过地理征地的方式，其最主要的消费者行为转变的活动（包括点击进入商家定位器的活动）上升了 11%。[15] YP 营销解决方案公司帮助唐恩都乐（Dunkin' Donuts）实施了地理定位程度极高的促销活动，给竞争对手的客户推送移动优惠券，[16] 在点击并最终购物的手机用户中，有 3.6% 的人使用了优惠券——几乎是普通移动优惠券平均使用率的 3 倍。

但是，如果有人进入竞争对手的店铺，地理征地策略可以非常强势。危地马拉运动鞋零售商 Meat Pack 运用自己的移动应用程序记录老客户进入竞争对手店铺的时间。[17] 老客户刚进入店铺，就马上收到动态促销折扣券而且显示即将过期。折扣比率从100%开始，每秒钟下降一个百分点，直到消费者离开店铺并进入Meat Pack。消费者从当前店铺离开到进入Meat Pack，总共有一分半钟多一点的时间改变主意。自从启用地理征地策略，该公司从竞争对手手中成功“劫持”了600多名客户。有一位客户只花了10秒钟就转换了店铺，于是享受了89%的折扣。澳拜客和Meat Pack能够依赖应用程序的通知，也是因为客户将应用打开了。

零售店本身就是广告商引导消费者做出选择的重要战场，特别是像地理征地这种新技术出现之后。Meat Pack比澳拜客做得更加激进，因为基于位置的移动广告的作用就是在消费者进入竞争对手地盘的时候，将他们导向别的特定商家。例如，一家食品店可能会针对星巴克这样知名品牌的用户推送优惠促销，以及关于新的咖啡配方的更为短小精悍的信息。丰田经销商可以向在本田经销商店里或者附近的客户推送广告，说服他们来看自己的汽车。克莱斯勒从2014年开始尝试地理征地策略，将目标锁定为在其他品牌地盘内的访客。[18]在医疗营销中，有竞争关系的医院或者诊所可以吸引在不同医院之间举棋不定的病人。例如，医院可以推送宣传等待时间短的广告给正在门诊等待的病人。[19]使用地理征地最频繁的五大领域包括：餐厅、零售、金融服务、旅游和加油站便利店。[20]

最近的学术研究成果也进一步验证了这些现实世界中的案例。内森·冯（Nathan Fong）、罗学明（音译）和方正（音译）的研究[21]展示了竞争型的位置定位广告的效力，即将推销信息推送至处于竞争对手商铺内部的消费者。他们的分析建立在一项随机的现场实验之上。研究人员将移动促销信息随机推送给在亚洲一座大型城市的三个相似的电影院（竞争位置、焦点位置、中立或者基准位置）的消费者。每一个位置都包含一座人流量大的户外大型购物综合体。综合体包括容纳较大商家处于中心位置的大楼，以及容纳较小商家的单独区域。如果在接收到短信促销信息之后就马上购买产品，移动客户会享受更多的折扣，而且促销只是当天有效。促销信息都发送到离三个位置 200 米之内的客户手机上。焦点和竞争电影院之间的距离是 2.4 英里（4 公里），基准位置差不多是在这两家电影院之间。

他们的实验结果显示，在竞争位置发定位广告，可以抓住因焦点零售商忽视而增长的需求。有竞争关系的店铺推送更为优惠的折扣可以有效地将新客户吸引到店；如果推送的折扣与客户当下所在店铺的折扣不相上下，效果就不大，这样做不仅无法促进销售，还会因为鼓励客户花更少的钱买他本来就想买的商品而降低利润。但是，这样做的好处是，营销者可以运用竞争型位置定位广告来拉动销售量，而且不会有利润损失。

另外，还有成本优势。在手机还没有出现的时候，意图吸引其竞争对手的客户到店的商家，要么会在竞争对手店铺附近竖起广告牌，要么会雇人散发广告传单。但是，地理征地具有更高的效率和性价比。

然而，上述研究设计的初衷是为了阻止竞争对手抢夺客户。如果一家公司的竞争对手同时争夺客户，那么竞争就会呈现白热化趋势。让·皮埃尔·迪贝（Jean Pierre Dubé）和上述研究的一些作者，为在此种情况下营销战应该怎么打提供了一些参考。

假设你有关于客户的两组数据。第一组是消费者的实时位置数据，你可以用来实施地理定位广告策略；第二组是消费者到店的历史行为数据，你可以用来实施行为定位广告策略。结合两种策略可以使企业攫取最为相关的客户，也是在竞争对手实施地理征地策略的时候最行之有效的反策略。

上述研究发现，地理征地带来的价格战会减少地理定位带来的收益，但是会增加行为定向的收益![22]由于企业采用相似的价格政策，价格战趋于缓和，竞争会提升行为定位的利润率。与之相反，由于企业在地理定位广告期间会采用不同的价格，导致价格战恶化，竞争会降低利润率。当一家公司以移动客户地理位置和历史访问足迹为基础制定价格时，其投资回报率会十分诱人。[23]

有意思的是，地理定位比行为定位的回报更高。但是，当两家公司同时实施地理征地的时候，回报都会降低。于是，虽然竞争型定位广告本身不会降低利润，但是研究人员也向人们显示了，如果企业忽视竞争反应，就会过高估计目标定价的利润率。对于准备实施地理征地策略的企业，这是一个重要的发现。

最大化店内购物者数量：在店内的活动

如果商家已经设法“抓住了”客户，也可以通过鼓励他们待在店里更长时间，从而提高销售和利润。一定会有人说，客户在店内待的时间越长——或者更确切地说，她走过的路径越长，就会花更多的钱。这听起来很有道理。

山姆·许（Sam Hui）、杰弗里·英曼（Jeffrey Inman）及其同事们的最新研究量化了消费者店内花费时间和移动广告的影响。[24]该研究通过无线射频识别（RFID）和推送广告给客户，分析了在匹兹堡一家杂货店中客户路径的数据。[25]优惠券涉及店内不同位置、不同类别的商品：厕纸、罐头汤、口腔护理、牛奶鸡蛋、非处方药、麦片、瓶装水、面粉/蛋糕组合、小甜点和饼干、意大利面和冰激凌。结果显示，客户通过超市的平均路径长度为 1 400 英尺。消费者每多走 55 英尺，就会随机多花 1 美元。这差不多等同于停车场中 6 个停车位的长度。如果再加上手机接收到的广告因素，结果就会更加明显。该实验显示，移动优惠券可以将每个消费者计划之外的花费提升 16. 1%（介于 13. 8 美元到 21. 2 美元之间）。商家只要战略性地运用移动购物应用程序推送信息，促销各门类商品，就可以使客户在店内逗留更长的时间。走路越多，花费时间越多，也就意味着花费越多的金钱。

在接下来的研究中，同一组研究人员在美国西北部城市的商店里使用了摄像头，发现计划之外的购物想法通常在购物后半程才出现，而且大多数购买在走道中实现。[26]通常在考虑计划外支出的时候，消费者的心理预算在 11 美元以内。想象一下，通过推送移动信息就可以将这些发现付诸实践！

总之，我们现在有科学证据证明，如果一家店铺能够使客户在店内多走几英尺，增加店内路径的长度，客户就很有可能购买更多计划外的商品。想一想，如果使用基于轨迹的移动广告，就可以凸显类似的行为。在未来，我们会看到更多的商家运用 Beacon 即时产出货架优惠券，通过提供店内另一区域的商品优惠券，诱使消费者逗留更长的时间。

一旦消费者已经在店内，企业可以利用什么样的技术和他们互动呢？我对于 Beacon 技术的出现感到兴奋不已。

新的考量：通过 Beacon 提高室内定位精确度

运用在低功耗蓝牙技术（BLE）基础之上的 Beacon 来跟踪活动和激发广告，这种技术很有可能成为改变游戏规则的重大突破。利用 Beacon 定位用户的主要好处是室内、室外都适用，而其他广为人知的定位技术，比如 GPS 或者信号塔三角定位，在室内的应用稳定性比较差。[27]这对于消费者行为的影响相当深远。智能手机用户已然在店内，所以用 BLE 定位的交通成本更低。位置本身就反映出客户对某个店铺的喜爱，由此商家可以推送更相关的广告。这样操作的结果是可能获得比更远距离的移动定位更高的回复率，比如基于 GPS 技术的地理围栏技术。

直到现在，用户都需要下载属于个别组织、平台、商店甚至是活动的应用程序，只是为了获得信息。这往往是一个瓶颈——很多用户觉得下载应用程序太麻烦，而且占用设备的空间。但是，谷歌最近开发了一项名为 Eddystone 的新技术，通过 Physical Web 应用程序和谷歌 Chrome Widget 激发用户智能手机中的网页地址（URL），推送信息。[28]这意味着截至 2016 年 3 月（Chrome 9 首发的时候），全球 80% 的智能手机都被动地开启了 Beacon 功能。[29]这项新技术使得客户不再需要单独为个别品牌、商店或者活动下载应用程序。这样一来，企业不需要每次都要求客户下载应用程序，就能够和附近的客户进行交互。我期待看到 Eddystone 的出现激发的新应用。

在德国，多米尼克·莫利托、菲利普·莱切特、马丁·斯潘和我与 17 家使用 Beacon 的商店合作进行了一项研究。[30] 与图 5 –2 所展示的情况类似，每家商店都安装了两台 Beacon，作为 BLE 的发射台：一台在门上，另外一台放置在促销商品的货架上。这项实验囊括了八种促销产品（两种不同的鞋、冰激凌、饮料、女士服饰、多媒体产品、手镯和化妆品）。

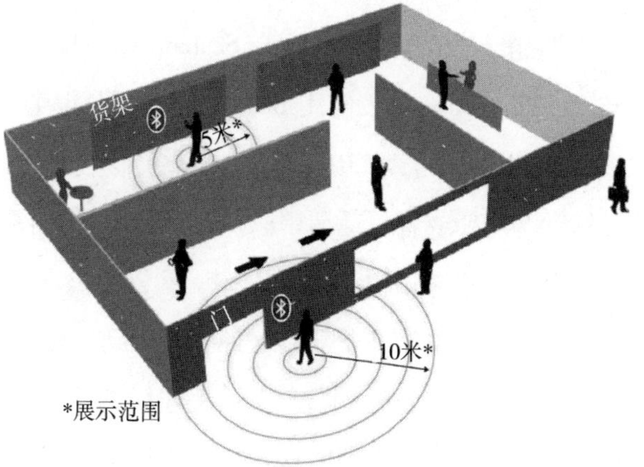

图 5 –2　BLE Beacon 在零售商店中的布置

我们发现，基于 Beacon 技术推送的定位广告信息能够提升 23% 的店内人流量，但是信息的内容会带来不同的结果。优惠券这样的经济奖励将客户带入店铺的有效性的是欢迎信息有效性的三倍。让人感到吃惊的是，零售商只需要使用简单的欢迎促销信息，就可以增加60%的消费者在店时间，而不需要其他的产品折扣。我们的研究结果显示，将折扣优惠券和欢迎促销信息结合起来，可以有效地增加零售商的收入。

世界各地的许多商业形态（包括零售商、旅馆/旅游业、购物商场、娱乐、旅行、房地产、金融、汽车、交通、主题公园、会议、医疗、音乐会/节日、博物馆、体育场和机场）都已经开始运用 Beacon 进行临近营销。[31]来德爱公司（Rite Aid）在全美4 600家店内都采用了 Beacon。其他运用 Beacon 的顶级品牌还有梅西百货商店（在所有850家店内安装了4 000个 Beacon），塔吉特（1 800家美国的门店），罗德与泰勒百货（Lord & Taylor，所有50家门店），以及西雅图海鹰足球队（Seattle Seahawks football team）。[32]奢侈品零售商巴尼斯（Barneys）使用 Beacon 打造了全渠道一致体验，将叫作“窗口”的应用程序和 Beacon 的数据整合。它根据客户在店内的位置、移动购物袋或者愿望清单以及客户最近在“窗口”的浏览内容，推送个人化的通知和建议。[33]Beacon 不仅可以发送定位程度高的信息，还可以提供与客户的脚步、路径、轨迹、活动和忠实度有关的诸多信息。从澳大利亚的零售商、爱尔兰的百货商店，到英国城市诺威奇的购物商场和巴西的机场，基于移动设备的临近营销已经席卷全世界。梅西百货正在测试自己应用程序以外的 Beacon 信息，而且已经开始和 xAd 合作探索重定向（retargeting）的事宜。[34]

Beacon 技术也已开始被应用于非营利事业。[35]美国富国银行（Wells Fargo）资助了扎克·布朗乐队（Zac Brown Band）在箭牌球场（Wrigley Field）纪念“9·11”事件的演唱会，在演出的时候使用了 Beacon 将善款捐赠给帮助残疾老兵的非营利组织——美国无障碍（No Barriers USA）。位置广告平台 xAd 代表国际乐施会（Oxfam International）的分支——乐施会美国分会（Oxfam American），利用自己的定位工具向差不多 100 万个消费者的位置推送广告，这些消费者可能在上述位置（公共交通站、公车候车亭、机场和杂货店）看到了乐施会的广告，也有可能在商场和购物中心——那些消费者有可能处于乐善好施心境的地方。

在 B2B 市场营销中，Beacon 也有用武之地。Beacon 可以向处于预先设定范围内的客户发送定向信息，比如展会。通过使用 Beacon 以及在推送信息中提及产品或者服务的好处，商业组织或中小型企业可以运用位置定位吸引客户到展台或展位参观。

新的考量：抵制移动试衣间

由于移动试衣间的做法越来越流行，哪怕客户就在店内，在你眼皮底下，都有可能做不成生意。移动试衣间的意思是，消费者来到实体店触摸、感受商品，然后回去在网上挑选最实惠的价格购买此商品。消费者离开店铺以后，回家在竞争对手的网上商铺完成购买。遇到这种情况，店铺会流失 30% 的客流量。为了遏制移动试衣间带来的威胁，企业已经开始利用地理围栏和地理定位来引导消费者在店内完成交易。

普尼特·曼昌达（Puneet Manchanda）、斯特凡·道尔（Stephan Daurer）、多米尼克·莫利托和马丁·斯潘最近研究了移动试衣间的场景，他们有一些有意思的发现。[36]他们获取了欧洲最大、最领先的产品信息服务商之一以及二维码扫描应用程序提供的数据，研究了北欧的消费者市场。这组数据来自一个产品信息和二维码扫码应用程序250万名用户的8 000万条评论。产品的门类包括食品饮料、杂货、媒体、药店、生活用品、烟草、时尚和电子产品。

结果显示，消费者在任何时间和地点都有可能搜索产品和价格的信息，而不是只在他们在店内或者离店铺不远的时候才这么做。移动搜索在购买漏斗的任意阶段都会出现，而不是到最后阶段。在店铺关门歇业的星期日，消费者搜索的强度会增加7%，也就是说，即使不是在做立即购买决定的时候，潜在客户也会进行搜索。该研究表明，试衣间的现象比之前预想的出现频率要低一些。

研究者也发现，如果移动应用程序中包含专业评分、消费者评论与其他和二维码相关的信息，消费者搜索价格信息的倾向就会平均降低2%。用户原创内容会使搜索下降4%，这是最大的影响因素。这对于商家来说是很有价值的发现。相对来讲，在移动广告中增加更多与价格无关的信息是简单（且不贵）地将自己与价格战隔离的战略。

研究者同时发现，在移动过程中的消费者（那些长途旅行的用户）在用移动设备搜索中更加活跃。此发现和我们所做的一项研究的结果一致。我们使用的一组数据来自韩国最大的电信供应商的180 000位3G用户的234万份移动设备记录。[37]

我在本书中一以贯之地强调，数据科学显示出了消费者智能手机使用行为的惊人相似，不管他们是来自欧洲还是亚洲。

思考和启发

当我们思考位置和距离的时候，随性和可预测性的行为矛盾就可以派上用场了。用最直白的话来解释，那就是我们都是有惰性的动物。回想一下我们在本章中关于距离的讨论。在地理定位移动广告情景中，消费者离商家越远，就越不可能选择相关的优惠券。可以想见的线下跋涉成本是背后的原因。

那么，什么可以改变人们的想法呢？金钱。消费者愿意付出更高的交通和搜索成本以换取基于位置广告中的更大折扣。企业可以通过发送高折扣的广告实时争取竞争对手的客户。企业只需要定位处于竞争对手位置，以及最近到过对方店铺的客户的具体方位。有证据显示，此种广告策略能够提高市场占有率、人流量和优惠券使用率。

有几项因素使得本来直截了当的关系变得比较复杂，但是也为企业在移动经济将消费者行为货币化方面提供了新的机会。拿商家 A 和商家 B 举个例子。商家 A 的位置正好在消费者平常从单位回家的路上，离消费者当前位置两英里。商家 B 离消费者当前位置一英里，但是和他下班的方向相反。在这种情况之下，即使商家 B 离得更近，消费者也更愿意到商家 A 完成交易。

总之，如果消费者清楚自己的习惯和日常，并且愿意让营销者知道，这对于顺应潮流的商家就是莫大的鼓励，但是对于背道而驰的商家就不算是好消息了。各品牌要做好走进新世界的准备，借助客户的位置历史培养一对一的关系。

对企业的启示

截至 2017 年，基于位置的移动广告占据所有移动广告支出的 55% 左右。[38]以下是一些启示。

- 你要准备好将地理定位、地理围栏和地理征地整合到整体营销策略中。记住，地理征地的价格战会减少地理定位的收益，但是会增加行为定位广告的利润。
- 商业组织完全可以使用金钱缩短自己和客户之间的距离。通过“移动推送”或者“移动吸引”优惠活动可以实现这一目标。
- 推送广告的时候，留意你和客户之间的距离。如果客户超出了一定距离，或者客户需要改变日常行走路线来完成交易，则会带来不利影响，因为人们看到优惠信息之后，本来已经做好购买准备，结果发现路途太远，最终会感到失望。
- Beacon 是功能强大的工具，可以用来诱使客户入店，也可以在他们进店之后进行店内微定位促销。Beacon 可以在任何场馆给在场人员推送信息。而且，它适用于 B2C 和 B2B 的场景。
- 企业可以在移动应用程序中加入用户评论和专业评分的内容，以减轻试衣间带来的价格战冲击。

第六章

时间：为你所用

一位警官在电视节目中说的一段话似乎完美抓住了21世纪的时代精神，援引如下：

> 我也不知道，也许部分原因是你匆匆忙忙的。你是在即时娱乐的环境中长大的——即时交流，即时交通。刷一下卡，钱就马上出现。提个问题——按几个按键——即时答案。但是，有些问题是没有即时答案的，不管你多么想要知道答案。

如果你觉得这不过是对千禧一代的又一次“吐槽”，指责他们将智能手机的奇迹视作理所当然，那么你应该重新思考一遍。这次“吐槽”的对象是婴儿潮出生的人。这些话出自1968年3月7日播出的电视剧《法网恢恢》（*Dragnet*）中的英雄乔·弗雷迪中士（Sergeant Joe Friday）之口。

我们可以将其理解为，有些事情是永远不会变的。老一代的人总是会批评年轻一代。但是，人们对于“即时”这个词的理解发生了变化。

下面比较两种情形。这两种情况都是在美国体育赛事转播过程中发生了即时重大新闻。在1980年12月8日的晚上，足球解说员霍华德·科赛尔（Howard Cosell）在直播时播出了约翰·列侬（John Lennon）的死讯，于是收看美国广播公司（ABC）《周一足球之夜》（*Monday Night Football*）的观众成为第一批听说该消息的人。其他新闻单位都不知道这个消息。美国广播公司纯粹是凑巧才获知列侬去世的消息。当晚，该公司的制片人碰巧也因为急诊被送到了枪击事件之后抢救列侬的那一家医院。[1]其他的电视新闻网在ABC公布消息之后迅速跟进。但是，如果你就在现场，或者当晚没有收看直播，可能就只能在第二天早上才会知道该消息了。

2011年5月，类似的情况在娱乐体育节目电视网（ESPN）的美国每周棒球直播中出现。当时，聚集在费城市民银行公园（Philadelphia's Citizens Bank Park）的4万名球迷在没有明示或者任何原因的情况下，莫名其妙地开始集体高呼“美国，美国”。当时的录像显示，球场上的球员和裁判员看起来都摸不着头脑，并耸了耸肩。

随着呼声高涨，ESPN的实况解说员丹·舒尔曼（Dan Shulman）为在电视机前的观众解开了谜团：美国特种部队干掉了奥萨马·本·拉登（Osama bin Laden）。球迷们是怎么知道的呢？比分显示屏上并没有任何显示，公共广播系统也没有播出任何消息。但是他们都有手机啊！消息很快传播开来，最后就形成了即兴的爱国大合声。[2]

“即时”程度只会愈来愈高，这也会让人不禁怀疑时间的重要性和相关性。原因是，84% 的美国现代大型城市中的手机用户，早上醒来的第一件事就是查看应用程序。[3]广告商如何在与消费者交互的过程中将时间为我所用呢？既然手机给了广告商实时接触个体消费者的机会，那么把时机和广告把握好的秘诀又是什么呢？发布即时广告并且激发积极反应的最佳方式是什么呢？

回答这些问题的前提是我们必须要弄清楚“时间”的概念。最明显的答案是“白天的时间”，而且消费者在不同时间段对于广告的反应应该也不尽相同。但是我们也需要考虑是星期几。消费者在工作日和周末的行为有哪些不同呢？“时间”也可以指“时长”。我们对广告的敏感度会不会随着优惠券或折扣临近到期，或者离到期时间还很远而改变呢？

我和同事为此设计了多个研究项目，希望能够帮助移动广告商更加老练和自信地迎接它们的“即时”机会。

精细广告的出现

自第二次世界大战以来，广告的出现速度和内容创造速度同时稳步上升。与此同时，关于利用好此发展速度的最佳方案的决策复杂度也增加了。

在整个 20 世纪 40 年代，日报和广播是每个消费者清晨的基石。1950 年，全美国日报平均发行量达到 5 380 万份，也就是普通家庭数量的123.6%。因为广告多，所以周日的报纸比较厚实，发行量是4 660万份，也就是普通家庭数量的107%。[4]截至2010年，日报的日均发行量已经缩水到4 340万~4410万份。这个数据看起来似乎差别不大，但是如果跟家庭数量比较，差距就显现出来了。2010年的日报的日发行量只是家庭数量的36.7%（平时）和37.3%（周日），也就是分别下降了70%和65%。如今美国报纸的发行量只有4 000万份多一点。[5]

一开始是电视造成了纸质报纸发行量的下降，而后互联网又加速了这种衰落。在媒体消费方式急剧变化的背景下，广告商该如何在不同时间的基础上调整措施呢？在报纸和期刊还是主要媒介的时代，消费者每天、每星期、每个月收到的广告都是固定的。广告商预先就要对内容和投放做好决定。即时性（在现在看来）并不在它们当时的考虑范围之内。

电视和广播造就了“分割时段”的现象，即把消费者的一天分成不同的时段，每一段都有特定的观众和内容。我们对这些时间分段的术语都很熟悉，比如“高峰时段”、“黄金时段”、“驾驶时段”和“日间时段”。切分时段背后的假设是每一时段的观众都相对同质化。然而，以前广告的播出是不在乎电视是否打开或者观众和听众是否注意的。尼尔森（Nielsen）和阿比创（Arbitron）（在二者合并前）这样的调查公司可以估计观众的数量，但是不可能知道有多少人暴露在广告之下以及他们是谁，除了大体数据以外，不可能有更多的数据了。

互联网造就了新的动态交互模式，消费者自己就可以暴露在广告之下。广告商也是第一次能就个体暴露时间收集数据。诚然，它们也面临着“浏览率挑战”，即谁确实查看了广告，是不是有些广告只出现在了并不活跃的网络窗口之中，或者根本就没有在屏幕上出现。广告拦截器的出现带来了挑战。而且，移动广告需要5秒钟才能下载完成，这也让情势雪上加霜，因为广告下载速度慢也会耽误网页下载，用户可能就干脆退出网页了。[6]新兴的广告技术公司开发了浏览追踪工具，以便知晓谁浏览了广告，在有些情况下，甚至能够知道他们看过广告之后的行为。[7]

智能手机进一步推波助澜。移动互联网催生了第一个无处不在、世界通行的广告频道，一天24小时一周7天全年不休地对个人发送定位广告。因为消费者的智能手机总在手边，营销者现在可以主动选择宣传产品的时间，不管是通过应用程序、移动浏览器、短信，还是推送通知。

对于营销者来说，这些可以是激动人心的，也可以是让人不知所措的。当决策的基础是经验、估计、直觉和判断力的时候，没有人会要求精确度，因为没有人期待或者测量它；而且也没有办法获得更好的数据来挑战甚至推翻行业现有的黄金准则。

现在，你可以在一天中的任何时间定位推送广告给个人，而且能够确定信息的送达，于是，突然之间你就期待和要求精确度了。你甚至可以确定一天中什么时候是消费者反应最强烈的绝佳时刻，什么时候是无人回应的慵懒时刻，然后打造定制的广告并发送给客户。

不管怎样，到目前为止，关于时间段的具体时间甚或其是否存在都没有达成共识。有些人建议放弃艰深的分析，将移动广告在一天之内平均分配，以满足消费者多样的品位和兴趣。由于过去我们的理解建立在更为聚合的信息之上，于是发现这样做也不够精细。有些人认为中午是散发广告的最佳时刻，[8]另外一些人认为是傍晚，[9]还有一些人强调早上9点至下午3点的高峰时段。[10]但事实是，大多数人在此时段会经历很多的微小时刻（又是谷歌的那个概念！）。因此，按照一天中的时段或者微小时刻来定制广告的想法是合情合理的。

新的考量：基于一天时间段的广告效果

微小时刻的概念需要针对不同时间段的广告效果提供详尽的指导，而不是对于大段时间的传统指导。为了解决这个问题，美国和中国的一组研究人员实施了两项大型的、基于真实场景而富有创意的研究。在第一项研究中，[11]他们将一天中从早上8点到晚上7点的时段分为12个间隔，每个整点是一个间隔的开始。每个间隔被分配了两组人，总共有24组。在每一个间隔，一组人收到互动性高的实用产品促销信息，而另一组人收到互动性低的享乐产品促销信息。

实验的回复率是1.94%，是一般的移动定位广告0.42%回复率的4倍多。[12]实验显示，实用产品移动广告回复率最高的时候是早晨，中午一般，下午增高，傍晚变低。相较而言，享乐产品移动广告回复率在早晨最低，中午和下午最高，傍晚一般。

仔细来看，相对于回复率最弱的时段（晚上7点至8点），实用产品有两个高峰时段，在早上 10 点至中午之间，发送移动广告可以极大提升购买的可能性。享乐产品显示出类似的高峰特征，但是出现在不同时段。享乐产品的基准间隔（回复率最弱的时间段）是早上 8 点至 9 点。在其他变量保持不变的情况下，在中午至下午 2 点的广告回复率，能够提高平均购买可能性 7.1 倍。这种天差地别背后的原因很简单，即在早晨消费者更多地处于就事论事的公务状态，到下午就逐渐放松下来。

此实验指出了不同类别产品广告回复率最高的“中彩票”时段，极具洞见，但是也提出了另外一个问题：如果消费者看到的是同样的产品，而唯一的差别是广告词的描述，即使用“工作”口吻还是享受“娱乐”口吻，不同描述的结果会如何？如果价值主张的设计和遣词造句会带来差异，那么对于广告创意就是具有意义的，而不只是对于广告时机而言。

为了更进一步，该小组又做了一个类似的实验。在所有的间隔，消费者看到商家用实用口吻或者娱乐口吻宣传同样一个产品。例如，有一家电信供应商宣传高速互联网宽带的实用广告词就是：“眨眼之间下载电邮附件，随时随地处理公务。”相比而言，娱乐广告词就是：“自由下载无损音乐，看高清视频，随时随地畅玩游戏。”

实验的结果和广告业界先驱李奥·贝纳（Leo Burnett）的一句话不谋而合：“每一个产品都有自身的戏剧性。我们的首要任务就是挖掘并且利用它。”[13]针对同一个产品，用实用的辞藻宣传与采用娱乐的广告词相比，会降低高达 80% 的购买可能性。但是，和在实验中的情况一样，它也出现了模式相似的高潮和低谷。

相对于晚上7点至8点的基准（最弱）时段，在上午10点和中午之间发送实用“工作”的广告词可以提高5倍购买可能性。相对于早上8点至9点的基准（最弱）时段，享受“娱乐”的广告词可以提高2.4倍的购买可能性。“娱乐”广告词的价值主张比“工作”广告词的价值主张差别要小，但是“娱乐”类的价值主张基数更大。这也解释了当前提假设是广告商只能做一种选择时，“娱乐”口吻通常是更好选择的原因。

研究结果的启示是：针对功能性产品，在下午的微小时刻，可以用娱乐口吻的广告词来处理。同样的道理，针对娱乐性产品，在早上的微小时刻，可以用实用口吻的广告词来处理。经理人只需要更改同样一件商品的广告词，就可以更加充分地利用好一天之中的微小时刻。

这些研究给了我们检验基于时间的移动广告有效性的确切衡量方式，并且能够以几年前无法想象的准确度来预测消费者的反应。该研究的质性洞察可能并不惊人，但是其量化结果却很有用。

新的考量：基于一周时间段的广告效力

一周之内的时间变化会不会影响我们对广告的反应呢？答案是肯定的。彼得·丹纳赫（Peter Danaher）最近的研究发现了一周不同时段的巨大影响，周一和周四比周三的优惠券使用率更高。研究人员发现对于周一和周四的影响，可能的解释是：在工作日去商场购物的很多购物者并没有全职工作。

我和李贝贝、刘思远（音译）的调查同样发现了一周内不同时段的影响力。我们可以粗略地把购物者分为两类：专心的购物者和探索者。消费者在工作日的时候更有可能是专注的购物者，也就是说，他们心里有任务和目标。于是他们对于和任务相关的广告的敏感度就增加了，但是会忽视甚至抵触不相干的广告。在周末，消费者就变成了探索者而不只是购物者，他们更能够接受随机的广告。

以往营销和心理学的文献也支持了这些发现。当消费者处于购物周期中的无计划或“探索”阶段的时候，他们更有可能冲动购物。[14]当他们看到随机打折商品时，购物的冲动就加强了。[15]

企业界也在和学界合作以获得对一天内不同时段广告效力不同的理解。塔可钟（Taco Bell）使用 xAd 的实时移动位置信息平台“市场探索”（Marketplace Discovery）来发掘一天和一周的时段趋势，并且利用这些数据做出更明智的营销决定，加强有限时间段促销活动的有效性。[16]

新的考量：优惠券兑换窗口期的有效性

现在，换个角度来看时间——优惠的有效期。在设计移动营销广告的时候，消费者做出购物决定需要的时间也是一个重要因素。过去的实验证实，促销的时机会影响有效性。[17]有些消费者在店内碰到促销打折的时候，愿意马上掏腰包购物。[18]一项针对西方大国购物商场中几家店铺的研究[19]（由彼得·丹纳赫及其同事主导）发现，最具代表性的商品是零食。除此之外，该研究还囊括了其他几种商品，包括衣服、鞋、电子产品、美发产品和新奇礼物。研究人员发现，移动优惠券的有效期是使用率的重要决定因素。这是因为移动优惠券的有效期通常比传统优惠券的有效期短很多。

同时，研究人员发现一旦用户收到优惠券，很快就会兑换使用，兑换时间的中位数是不到2 分钟。对于传统的杂货店优惠券使用率来说，使用率峰值发生在优惠券刚发送和快到期的时候。[20]与传统优惠券相比，研究小组没有发现用户储存移动优惠券以待后用的证据，也没有发现快到期的时候使用率增加。事实上，最长的兑换时间是16 个小时。这是很了不起的发现。研究中发现的平均使用窗口期是差不多10 天，但是所有移动优惠券在不到一天的时间内都被兑换使用了。这意味着移动优惠券比传统优惠券的使用窗口期更短。经研究人员计算，如果所有优惠券的使用窗口期缩短到一天，则使用率在现有基础上预计会增加50%！

该研究在管理学意义上的发现是，当场景和位置是恰当的(比如购物商场)，很多产品类别的广告商都可以通过缩短使用窗口期，通过强调时间紧急性来将优惠券使用率最大化。研究人员指出，在优惠券中加入一些语句可以达到目标，比如“只限当日前100 位客户”或“仅限今日下午2 点前有效”。在优惠券中加上这些语句可以在保持移动优惠券有效期更合适的同时，激发使用传统优惠券时的“要么使用，要么就失去机会”的思维模式。

许多行业的企业都在思考一个问题（基于我和各行业管理人

员的交流），即移动营销是否会激发即时销售，而不是延后或延迟销售。例如，一次移动促销活动是否会带来几个星期之后的销售，而不是即时的优惠券兑换使用？社会心理学家教过我们想要激发即时的购买，就必须做两件事：第一，企业必须造成突然、无计划的消费冲动；第二，企业必须创造一种想要立刻满足消费的渴望，一种超过抑制因素的心理状态。[21]既然移动促销可以结合位置和时间来设计，这就很容易想象为什么移动渠道可以在消费者心中同时激发两种元素。

但是，它对延迟销售是否有影响呢？移动营销能带来长期的冲击吗？当然。菲利普·科特勒（Philip Kotler）在所著的《营销管理》（*Marketing Management*）一书中阐述了计划行为理论。他指出，消费者的购物可以分为五个阶段：提出问题、信息搜索、产品选择评估、购买决定和购物后支持。[22]如今，智能手机的各种功能在移动促销时同样可以让消费者体验这五个阶段。用户可以将促销信息储存在手机里，征求亲戚朋友的意见，和其他人协作共同经历消费体验，不一而足。

为了进一步调查，在2014年夏季，方正（音译）、顾斌（音译）、罗学明（音译）和许云杰（音译）实施了一系列有意思的现场实验，涉及22 000名参与者和多个控制小组。有些参与者收到位置广告（地理围栏），有些参与者收到非地理围栏移动广告。[23]研究小组发现，基于位置的移动广告的延迟销售效果可以持续到促销后12天。如果营销者没有考虑延迟销售的影响，而是只考虑现有的影响，那么广告的整体销售影响可能被低估54%，这一点对各品牌都很重要。

该研究比较深入，得出的结论是：移动广告或者促销从最初曝光时算起，可以有好几天的延迟效应。

新的考量：探索优惠券窗口期和地理位置的关系

对于消费者比较重要的一点似乎是优惠券有效期时长和位置的结合。我和同事们的研究显示，在一种极端情况下——如果我们离向我们发送移动广告的店铺不近，而且没有紧迫感，这个广告就不那么有吸引力。[24]这听起来似乎是直觉在说话。收到离我们距离或者时间比较远的活动促销信息，可以想见的收益会比较低。因为，我们很难具体地将这类活动视觉化。[25]

但是，如果是另外一个极端会是怎样的情形呢？换句话说，如果活动离我们近一些，距离缩小，时间缩短，我们的反应会有变化吗？第一步应该是先测试第一种情况。米歇尔·安德鲁斯（Michelle Andrews）、罗学明、方正、彭志伟（Chee Wei Phang）调查了一个样本的观影人是否会因为受广告影响而选择到旁边的IMAX电影院观影，结果是：这取决于他们提前多长时间收到促销信息。[26]无线网络提供商发送电影票打折消息。接收者在下载了短信中附带的电影票应用软件之后，在应用上购买电影票。为了达到当天的效果，他们在周六下午2点推送优惠券（提前2个小时）；为了达到隔一天的效果，他们在前一周的周五下午2点推送类似的优惠券（提前26个小时）；为了达到隔两天的效果，他们在前一周的周五下午2点推送优惠券（提前50个小时）。所有优惠券的折扣率都是一样的：打对折。研究人员也利用了临近性：在实验中，优惠券发送的时候，手机用户和电影院的距离在 200 ~ 2 000 米。用户按照距离被分为三组：临近用户（200 米以内），中等距离用户（200 ~ 500 米），远距离用户（500 ~ 2 000 米）。他们在此区域内发送电影票优惠券，回复率是 7.35%。

该项研究发现了什么

关于时机的研究结果意义重大且清晰明了。交付时间（优惠券到期时间）越长，人们去看电影的可能性就越低。当天的打折信息（提前 2 小时）比提前一天的信息效果好，提前一天的又比提前两天的效果好。这些发现和过去的研究结果一致，也支持在 21 世纪实时营销能带来效益，是值得投资的想法。[27]

为了进一步检验紧迫性和距离结合的效果，在最开始的现场实验研究的基础上，安德鲁斯和市场调研公司合作进行了一项调查。要求调查对象评价以下四种场景之一。

- 场景一：离电影院近，提前通知时间短。
- 场景二：离电影院近，提前通知时间较长。
- 场景三：离电影院远，提前通知时间短。
- 场景四：离电影院远，提前通知时间较长。

调查要求调查对象想象自己处在距离 IMAX 影院特定距离的地方，收到了周六下午 4 点的电影优惠券。场景一的调查对象（近，时间短）显示了最高程度的参与度和购买意愿——比场景二的调查对象高很多。具体来讲，在其他变量保持不变的情况下，相比收到提前两天的优惠券，临近的消费者收到当天优惠券去看电影的可能性高出76%。

令人吃惊的发现

表现最差的是场景四。其结果印证了那句老话："眼不见，心不烦。"场景四的调查对象觉得想象自己享受优惠的场景很困难。场景三的调查对象也觉得广告具有侵入性，这也强调了较长距离和较短时间通知的相互作用。

如果继续仔细研究场景三和场景四，就会有更多发现。上述发现当然对离电影院近或者不太远的用户是有利的。但是，对于离得远的用户，交付时间太短（当天）或者太长（两天）都不会带来最大的效益；事实上，上映前一天发送的优惠券兑换使用率是最高的。推送优惠券最佳的提前时间是一天。当天的优惠信息对于消费者太突兀，因为在距离和出行方面都会给他们带来不便。提前两天的通知也不是最佳做法，因为交付时间较长会有太多的不确定性。提前一天通知是理想的，消费者可以设想去看电影的场景，并做出相应安排。在其他变量保持不变的情况下，对于较远的消费者，相对于当天和提前两天的通知，提前一天推送信息分别可以提高9.5倍和71%的出席率。

总之，在智能手机上推送地理定位广告（在正确的地点发送广告）和临时定位广告（在正确的时间发送广告）都是十分有效的。但是，当我们结合这两种手段时，结果很激动人心，而且常常令人吃惊。对于定位离商家很近的消费者，提前一天发送信息是最佳的。如果营销者留出太多或者太少促销交付时间，定位的有效性就会大幅下降。如果时间太短，消费者按时赶到活动现场会比较困难，也就没有机会为享受优惠做计划。相比而言，交付时间太长会降低参与度，消费者考虑该优惠的可能性较低；即使考虑，购买的可能性也较低。

那么，什么样的心理学理论能够解释这一切呢？安德鲁斯等人的解释水平理论说明了在不同位置和临时情况的场景之下，消费者对移动信息进行不同的评估，这样的结果会引起移动定位广告效力的变化。[28]解释水平理论告诉我们，如果收到促销信息离活动的距离和时间都很近，则消费者的购买意愿是最高的。安德鲁斯之所以如此断言，是因为如果时间和地理位置较近，则消费者可以在大脑中更加具体地想象促销活动，于是就会有更强的参与度和购买意愿。

不是所有这些发现都可以应用到其他的产品类别。对于更具有弹性的产品，折扣变化可能会对销售带来极为不利的影响。产品生命周期的长度也会影响临时定位广告战略的有效性。看电影是社会活动，需要花费时间安排协调。电影票不贵，所以更有可能成为冲动消费、同辈压力和口碑影响的对象。

然而，时间和地点之间的互动使得场景营销比单独运用这两种元素更加复杂，安德鲁斯的研究为企业提供了平衡时间和地理移动定位营销的极佳基准。该研究的作者们认为："用'一加一'的思维来看待时间和位置是行不通的"，所以"经理人们必须小心地设计移动广告，平衡提供及时信息和避免强迫消费者而造成疏离的风险”。

新的考量：移动广告及其对购买漏斗不同阶段的影响

这一部分讨论的许多研究都强调了曝光广告时机对于广告效力的重要性（一天内的时间段、一周内的时间段等）。然而，曝光时机也可以有相对的定义，例如，广告曝光的时机可以定义为消费者在“购买漏斗”不同阶段的应变量。学界和业界都采用的一个经典营销模式是 AIDA 框架。[29]该框架指出了个人在购买产品或者服务的过程中经历的认知阶段。根据该框架，消费者在购买前会经历以下阶段：有意识、感兴趣、有渴望和采取行动。可以想见，消费者在经历这些阶段的时候，对于广告的反应肯定是不一样的。

帕拉姆维尔·辛格（Paramvir Singh）、薇尔玛·托德里和我最近做了一项研究，调查了在数字广告中的有效性动态和利益互换。我们分析了消费者在经历购买漏斗后期对于数字广告的反应。[30]我们利用来自一家美国的大型零售商的数据，调查了在消费者做出购买决定的过程中，向消费者展示广告的持续性影响力。我们的主要兴趣在于，相对于广告曝光时机（消费者处于购买漏斗的阶段）的应变量，展示广告会让消费者厌恶的可能性。我们很幸运地获取了个人查看广告的详细信息。

在分析数据的过程中，我们找到了可量化的具体证据，证据表明，在购买漏斗的几个阶段中，品牌在激发兴趣和引发消费者厌恶之间遭遇了一种紧张状态。向消费者展示广告对推动消费者最终购买有持续的影响，但是，在同一天展示广告过多就会增加令人厌恶的可能性。虽然可以预见这样的反应，但我们研究的重点是要了解在购买漏斗的不同阶段消费者厌恶的阈值。研究证实了处于 AIDA 漏斗不同阶段的消费者，其对于激发厌恶的阈值并不相同。例如，处于“感兴趣”阶段的消费者在一天之内接触七次广告投放才会感到厌烦。同样的道理，战略性地变换广告曝光的时机和数量也可以促使人们做出购物决定。对于处于“有意识”阶段的消费者，一天两次曝光是最佳做法，“感兴趣”阶段的消费者觉得一天四次是刚刚好的。

随着消费者使用多平台，并且在购买过程的不同接触点和品牌有不一样的互动，企业需要意识到，移动广告曝光的时机对于消费者行为有着极大的影响。商业组织必须记住：在移动设备上如何以及何时与消费者沟通是该消费者处于购买漏斗不同阶段的应变量。这一点至关重要。

思考和启发

迪士尼魔法王国的“文明演进之旋转木马”展示了节约人工装置的演变过程。观众们观看了从 20 世纪到 21 世纪的几个阶段，随着设备用途和质量的改进，人们获得了量多质高的休闲时间。

我有时会觉得移动广告就像节约人工装置的数码版本，而且我们只是处于其演变的开端而已。

回想一下前面提到的行为矛盾：除非广告能帮我们节省时间，不然就讨厌它，但是又害怕失去获得好机会。如果营销者能够利用好基于数据的关于时间和位置的发现，做到“在正确的时间、正确的地点推送正确的广告”，那么对消费者和营销者来说，其社会效益和经济效益是不可限量的，购物将变得更加高效。消费者意识提高，搜索成本降低，消费者可以更好地计划，把自由的时间投入别处。

当然，这需要营销者做出相应的努力。当各商业组织开始收集更多信息的时候——比如产品类别、位置或者距离，它们就开始知道这些元素是如何共同作用影响消费者的行为了。现在，企业可以充满信心地运用在“正确的时间和地点”定位消费者的最佳办法了。

我建议消费者问自己一个问题：“我的时间值多少钱?”你能够减少劳动密集型购物活动的时间吗？毕竟这些活动铸造了你的生活方式。我们有整整一代人认为电子商务是理所当然的。移动商务就是下一步。如果作为消费者的你允许营销者知晓你的习惯、看透你的心思，你就会使智能手机变成你的管家，帮你节省更多的时间。

对企业的启示

- “在正确的时间、正确的地点推送正确的广告”的口号不再只是一个梦想。它应该是你每天努力完善的日常现实，即使需要前期的投资。时间有不同的维度，所有的维度都会影响我们的行为，以及移动经济场景中的广告效力。这种影响的范围涉及多个方面：从当下的“实时”到购买漏斗的不同阶段，到一天之内的不同时段（如高峰时段），再到一周之内的不同时段（工作日还是周末），甚至到移动优惠的有效期。

- 对于实用（功能性）产品来说，最高的移动购买率出现在早晨。对于娱乐性产品来说，最高的移动购买率出现在下午。但是，针对同样的特定产品，在下午的微小时刻，用娱乐的口吻宣传更加有效；然而在早上的微小时刻，用实用的口吻宣传效力更大。通过改变对同一个产品的广告词，企业可以充分利用一天之内的许多微小时刻。
- 思考一下，你的目标是保证有计划的和延迟的销售，还是激发即时的和当下的销售。你可以通过在移动促销平台上提供时间段或者延长的优惠券窗口使用期来达到目的。[31]只要搞清楚场景和位置，缩短优惠券的窗口期是提高有效性的利器。即便如此，有研究显示，移动广告对延迟销售的影响可以达到 12 天。
- 可以将地理定位广告和临时定位广告形成合力，提高移动优惠券使用率。但是，交付时间太长或者太短都会对成交造成不利影响。
- 商业组织和消费者在移动设备上沟通的形式、时机和频率应该是消费者处于购买漏斗阶段（有意识、感兴趣、有渴望和采取行动）的应变量。

第七章

显著性：你看到我了吗

在智能手机的时代，我们很难想象过去获得信息的手段是多么的有限和落后。想象一下，一家人开车跨城旅行，傍晚临近，父母决定逗留在当地过夜。他们会思考：“我们到哪里吃饭呢？到哪里找个酒店或者汽车旅馆呢？在这里还能干什么？”

相比现在，如果是在 20 世纪 80 年代，对这些问题的回答会很不一样。那时候，美国马萨诸塞州的一个县在休息区设有旅客信息中心，为游客提供服务。该信息中心位于罗得岛州边界以北的 95 号公路上，为旅客提供关于大波士顿地区景点、食物和住宿的传单和小册子。中心还设有专门提供咨询的小桌子。工作人员在估计了旅客的数量、人员组成、兴趣、时间安排和预算之后，会提供具体的建议，直到旅客做出选择为止；而且如果旅客需要，还会为他们预订旅程、晚餐、酒店或者汽车旅馆。

但是旅客们不知道，坐在桌后的工作人员的建议并不是随机的。形形色色的酒店、餐馆和酒店运营商付了广告费和赞助费，以获取更好的排位或者更多的推介。有些酒店留出了面积较小的机动房间，吸引游客直接到波士顿入住。

通常的对话是下面这样的。

工作人员：“嗯，如果你不想接着开车，在下一个出口就有住的地方，一晚上59美元。但是如果你继续开10英里，那么当地有家汽车旅馆，不是连锁旅馆，一晚上29美元起。”

家庭旅客：“那如果我们直接开车到波士顿呢？”

工作人员：“如果你连续住两个晚上，那么我们可以帮你以85美元的价格预订市中心的房间。”

这是搜索引擎优化非常原始和基于潜意识的形式，是一个加入了人们的各种偏见和伪精确性的即兴过程。如果此后该家庭团填写问卷，信息中心的工作人员大概只能采集到足够得出小样本结论的数据，但是他们会以为这些就是全部的事实了。其实我们都是这样，特别是当发现结论和我们当前的想法不谋而合的时候。

如今，一家人肯定不会在休息区停车，除非他们需要如厕。寻找“旅客信息”意味着坐在后座的父母或者14岁的儿子把手机掏出来（假设手机不在他们手上），然后在谷歌或者手机里其他的应用程序中搜索信息。程序很快就会提供一份更长的列表，里面有更多景点、酒店和食物的选择。这份列表量身定制的程度取决于这家人在多大程度上愿意分享自己的数据历史，以便最终能满足他们的需要。

我们凭直觉希望20世纪80年代的大脑算法能够用到当今的数据驱动算法。这样一来，那时的游客信息中心工作人员就会认识到这件事的重要性了。客户会凭直觉选择最先出现的结果，而不是后出现的结果（取决于结果展示顺序），而那些在后面出现的结果必须非常有吸引力才能够促使客户行动。

这个发现看起来很直观，但是它的心理基础却很有意思。作为消费者，当我们寻找问题的“最佳、最对的答案”时，回想曾经看到的事物并做出选择，我们会遵循特定的模式。我们更有可能回想起列表最前面的几项结果（初始效应）和最后几项结果（近因效应），而不是中间的结果。客观来讲，列表的第一个结果不一定是“最佳、最对的答案”，但是却更有可能被选中。点击第一个最简单，因为这只需要最少的搜索活动。

我们回到本书第一部分提到的两个行为观察：我们觉得广告很讨厌，但是我们害怕错过信息，不愿意在搜索试错的过程中浪费时间。我们想要选择和自由，但是我们也很容易被太多的选择弄得不知所措。想象一下，在一个理想的世界中，那个“最佳、最对的答案”会立刻跳到眼前，即使搜索结果中有成百上千的“正确答案”。我们不需要接着往下拉，眯着眼睛寻找我们想要的结果。我们不需要重写关键词，再次搜索。我们不需要左右为难。我们永远可以花最小的力气找到“最佳、最对的答案”。

我们将此称作显著性或者排序效应。消费者想要的最佳、最对的答案在屏幕上脱颖而出。广告商、零售商和其他营销者希望它们的信息就是“最佳、最对的答案”。

排名重要吗

排名是企业观察显著性作用的棱镜。根据平台不同，排名可能是距离、相关性、竞价结果或者随机排序的应变量。对于像Yelp、猫途鹰这样的平台，排名扮演着重要角色，它们利用不同的相关性算法整合并且展示列表。竞价排名对于营销者至关重要。我们的研究显示，在移动零售应用程序的世界里，用户和店铺之间的距离极大地影响了最终的购买。有时候，排名就是距离的代名词。

在过去十年里，我和杨莎（音译）研究了有赞助的搜索广告，[1]发现在搜索结果中显得突出会带来实实在在而积极的经济效应。由于靠前的搜索结果带来更多的点击，而点击又带来更多的消费和收入，显著性高、排名靠前的广告商可以获得具体的经济回报。在搜索引擎广告以外的世界，我和同事在Travelocity和猫途鹰这样的旅游搜索引擎中也看到类似的排名效果。[2]调整算法以利于在平台上的排名，会影响酒店、平台和消费者。我们的研究发现，通过审慎地驾驭网络用户自定义内容和大众内容，旅游搜索引擎可以极大地改变排名体系，并且影响消费者选择的方式。

我也在社交媒体领域观察到了类似的消费者行为。我在第五章中描述了和同事共同的研究，我们分析了用户对微型博客服务的印象和在微型博客上的互动。帖子离屏幕的顶端越近，用户就越有可能点击。对于个人电脑用户来说，排名每提升一位，就有可能提高 25% 的点击率。另外一份关于零售环境的研究（由我主持）也有类似的发现。根据产品类别不同，排名每靠后一位，就会减少 5% 左右的回复率。在电子邮件营销领域中也存在类似的消费者行为。十几年前，阿西姆·安萨里（Asim Ansari）和卡尔·梅拉（Carl Mela）的研究显示，一封电子邮件中链接的序列位置和收件人点击链接之间存在正向关系。[3]

这些研究清楚、明白地显示，人们的选择受到强烈的心理排名影响。这也是为什么搜索排名很重要，以及谷歌在此基础之上为何能建立起价值 700 多亿美元的生意。

对于 Yelp、四方网（Foursquare）、猫途鹰、Groupon 和其他平台来说，排名有可能成为在移动应用软件中设计整合内容和展示广告的重要元素。对于 Yelp 来说，更是如此。Yelp 主要是通过在"本地"搜索中脱颖而出而获利的。这些平台在谷歌搜索中一半以上都是本地搜索。在包括美国和日本在内的十个国家中，更多的谷歌搜索发生在移动设备上而不是电脑上。[4]在本地搜索之后，消费者更有可能亲自到店并购物。谷歌的调查显示在本地搜索之后，50% 的移动手机用户很有可能到店，而只有 34% 使用平板或者电脑搜索的用户会到店。差不多 18% 的本地搜索会带来销售，非本地搜索仅有 7% 会带来销售。鉴于智能手机对于搜索业务的重要性，谷歌公司在 2016 年 11 月 4 日做出一个重要举措。谷歌决定不再运用台式电脑页面内容来评估内容与用户的相关性，而是将算法的权重更多地给予移动索引。从此之后，谷歌的算法主要使用移动网页的内容来排序，并且在搜索结果中显示页面片段。[5]

企业可以做什么来提高自身在本地搜索中的排名呢？它们可以提高用户生成内容的质量和数量。谷歌的搜索引擎优化算法给予 Yelp 用户评论更多的权重。以前，谷歌操纵了算法，将自己的本地列表和内容放在 Yelp 的页面上，即使用户的搜索关键词中包含“Yelp”字样。现在，谷歌在算法中考虑了 Yelp 上的各种数据，比如有多少评论以及评论有多么正面。[6]当你在谷歌搜索餐厅评论的时候，最开始的几个结果通常都来自 Yelp。这种排序给 Yelp 带来了很多的流量。

在 B2B 的世界中，显著性和排序也是重要的考虑因素。商业组织之间要进行交易，自己必须能在平台上被发现。

所以，本章集中讨论排序，以及它与塑造移动生态的显著性和其他力量之间的关系。考虑到智能手机的独特性和各种信息装置的出现，上述的洞察提出了一些问题，而这些问题的答案可以为应用程序和相关行业带来丰厚的回报。

新的考量：显著性税和驱动力

相比在个人电脑或者平板上的操作，在智能手机上的搜索和滑动想必更加费力。我们想要“最佳、最对的答案”，而且希望以最小的搜索成本来获得答案。我和同事们量化了这种负担，把它看作一种“显著性税”。

在智能手机的时代，我们观察到心理和生理的双重效应。在展示消费者需要的搜索结果时，小屏幕尤其加强了初始效应。普通的消费者在走进超市或者仓储式商店的时候，一眼扫过的视域之中包括几百种商品。个人电脑已经大大缩小了视域。但是，智能手机把商品的战场缩小到只有 10 ~ 15 平方英寸的屏幕尺寸。在消费者浏览搜索结果的时候，排序的重要性就更加凸显了。

我的研究[7]发现，相对于个人电脑用户，排名效果对于移动用户更为显著，所以搜索成本也更高——也许是屏幕尺寸的原因。对于个人电脑用户，排名提升一位，可以增加 25% 的点击可能性，但是对于移动用户来说，同样的情况却可以增加 37% 的点击可能性。换句话说，排名每提高一位，手机用户比个人电脑用户点击链接的可能性高出 6%。然而，如果我们看排在最前面的五个结果，其在移动设备上的点击比在个人电脑上的点击低 26%。一直到排名第十位的链接，点击率越来越低，在移动设备上的点击比在个人电脑上的点击低 52%。这种差异的积累效应再次强调了在应用程序或者搜索引擎中结果排名靠前的价值。

在小屏幕上滑动需要花力气和专注力。本书第一部分就提到过，人们在寻找“最佳、最对的答案”时，并不愿意花费太大的力气和过多的注意力。这就像戴着透镜眼罩，走进百货商店，看到的字体和形象全部缩小了。为了感受这种情形，你可以把手蜷起来，放在眼睛两侧，然后从一个可以看到外面全景的窗子朝外看。你很快就会注意到两种效果：你更加关注有限视域中的所见，而且当你眼光四处游走的时候，很难将看到的风景整合起来。（如果把手拿开，看到全景，你就会发现差别。）

为什么看小屏幕需要花费更多的力气和注意力呢？这种现象

叫作信息分块。意思就是在有限的视野（智能手机的小屏幕）之内，我们会更加专注于眼前的内容，于是很快就忘记了全局视野。这使得我们更加努力地思考（我们都想要避免），逼迫自己更快地做出决定。[8,9]前人的许多研究发现，手机的小屏幕对用户的浏览活动和认识都是很大的障碍。[10]用户需要不停地在应用程序或网页中上下、左右地滑动，找到目标信息变得困难。[11]另外，我们越需要滑动和点击，想的就越多。[12]记住看过的内容和场景变得更加困难，结果是更麻烦，负担更大，更容易出错。[13]对于移动广告商来说，显著性的重要性就更高了。

怎样更加显著

我们已经了解相比桌面网络，在移动生态之中，排序和显著性更加重要。让我们思考一下，在排序体系之中，每个排名价值几何。这个听起来比较学术的问题在商业世界中有另外一个提法：企业如何运用对于排序和选择的发现来制定针对智能手机的广告战略？品牌如何改进和优化在搜索排名和实时客户折扣上的投资，以获得更多的收入？排序和距离的关系是什么？商业组织如何变得更加显眼？

我和同事为此进行了多项研究。

排名、距离和折扣如何协作

回想一下第五章讨论的关于距离和折扣的发现。我和同事与德国的一家大型电信供应商合作，设计了一项大型的、基于真实场景的实验，用测试基于位置的“吸引广告”的效力来了解显著性。此研究范围遍及德国374个城镇，获得了3 500多家商家的支持。商家将优惠券上传至平台，设定好各种条件，包括有效期、折扣力度和使用范围。消费者可以在移动应用程序上自动调取优惠券。优惠券在iOS和安卓系统平台上都可以使用。商家提供的优惠券有两种：一种只有信息（广告），另外一种有金钱奖励（折扣）。

我们用两种方式测试移动优惠券的效力，记录了客户和商家之间的距离，并和其他商家的距离做比较，查看了该优惠券在应用程序中的排名——相对其他优惠券来说。GPS定位帮助我们计算潜在客户和实时线下销售交易发生点之间的距离。为了测试排名的效力，根据用户属于哪一个被试小组以及优惠券离用户的距离来分配，或者随机分配。在整个研究过程中，参与者被随机分配到四个小组中的一个（见图7－1）。

- 小组1：按照距离分配优惠券，附上距离信息。
- 小组2：随机分配优惠券，附上距离信息。
- 小组3：按照距离分配优惠券，未附距离信息。
- 小组4：随机分配优惠券，未附距离信息。

新的考量：金钱万能

10%～12%的折扣相当于将排名提升一位。折扣可以提升显著性，现在零售商和营销者拥有一套帮助它们抵消优惠券或者广告

图 7-1 应用程序中的优惠券对 373 个城镇和 3 500 多家企业的影响

注：该图片显示了小组 1 和小组 2 的参与者在实验中看到的界面。

排名靠后影响的行为准则。与移动优惠券应用程序提供商合作的零售商或商家，可以在消费者和商家的实时距离、屏幕上呈现的广告排名和实际折扣的基础之上，利用量化概率的结果来调整和促进消费者的转变。假设排名第四位和第六位的商家是规模接近的竞争对手，则排名略靠后或者显著性较差的商家，可以通过提高优惠券的折扣力度来抵消或者中和不利影响，但是也不能做过了头。

好消息是，该研究显示当我们积极搜索的时候，我们会很热切地点击搜索结果中显示的广告。虽然四个小组的点击率相差很大，但是整体来说移动吸引广告比移动推送广告的点击率要高很多。[14]

两个令人吃惊的发现

该研究有两个意想不到的结果。第一个是关于距离信息的。当优惠券没有包含距离信息的时候，随机分配的优惠券比按照距离分配的优惠券的点击率低。换句话说，用户能够察觉随机的顺序，觉得不太相关。这意味着消费者在熟悉的城市里，通常都大概知道卖家离自己有多远。事实上，90% 的实验参与者使用应用程序的范围都在 10 英里之内。

第二个惊人发现是，每次广告留下的印象次数会影响消费者行为。印象次数对于使用优惠券有极为消极的影响。过去的点击次数也会消极影响消费者优惠券选择的可能性。

为什么留下几次印象会消极影响优惠券的兑换使用呢？答案是，搜索让我们精疲力竭。这个看起来很简单的发现引发了很多经济问题。这涉及那个合理的担心：太多的广告曝光会带来消极影响。广告商麻木了目标客户，然后客户就免疫了。即使吸引型广告创造了更加有利的环境，商业组织也依然需要优化广告曝光的次数。这让人不禁要问：对于特定的消费者或者品牌，广告曝光的最佳次数是多少？什么时候再留一次印象就多余了？我的研究（在第六章描述过）发现，最佳曝光次数为 2 ~ 4 次，取决于消费者处于购买漏斗的哪个阶段（阶段越早，次数越少越好）。[15]

了解第二部分讨论的所有因素之间的互动有助于优化广告次数。另外，还需要具备创新精神，迎接挑战，继续向前一步。如果消费者看到优惠券，一开始没有留下好印象，就不太可能再次点击这个广告或者使用优惠券了。在注意力缺失的经济中，第一印象太重要了。

上述实验提供了广泛而深入的数据，研究结果拥有数据统计意义，适用于许多产品和服务类别，包括多媒体、健康和养生、服饰、杂货、美容、咖啡厅、餐厅、俱乐部和酒吧、时尚和配饰以及休闲和运动。这些发现给行业内的经理们提供了实用的发现，为他们重新思考调整广告战略提供了切入点。这些发现也为优化移动广告提供了工具使用范围，以及为工具是单独使用还是组合使用提供了清晰明了的指导。基于用户和商家实时距离与排名的结合，这些发现创造了制定管理有方的定价战略的机会。折扣力度是中和排名靠后消极影响的利器。当然，这其中还有很多要探索和学习的地方，但是这些数据驱动的发现，能够用来清楚且自信地弥补直觉和本能。

将研究的结果直接嫁接到每个商业场景中当然是不明智的。尽管如此，这些发现和洞察还是可以告诉并激励经理人去思考更高程度显著性带来的经济效益。

其他商业蕴涵

智能手机屏幕顶端的位置能给零售商带来更大的价值，将会继续吸引超高价格竞拍。我可以想象将来会出现一种新的商业模式，应用程序供应商在程序页面拍卖特定的排名位置，就和搜索引擎中的广告竞价排名一样。这样会给一个广告带来更多的点击率或者更高的以印象为基础的价格。

我估计基于显著性的吸引型广告提供商将会执行拍卖机制，按照“距离段”分配排名最靠前的促销广告，比如，0 ~ 100 米，100 ~ 500 米，500 ~ 1 000 米，以此类推。买入价取决于广告在某个地理区域过去的效果以及实际使用频率；广告效果用印象或者点击衡量（和谷歌的质量分数算法类似），使用频率可以抬高特定区域和排名位置的价值。

在移动应用程序商店发现新的程序方面，显著性也扮演着越来越重要的角色。两大主要应用程序商店拥有 300 多万个应用程序，63% 的应用程序是通过在商店内搜索被发现的。如何冲出重围是移动应用程序发布者面临的最大挑战之一。[16]应用程序在商店内搜索排名越高，越容易被潜在客户发现，越显眼就能够带来越多流量。所以，追求更高的显著性是符合它们利益的。提升显著性的一种做法是应用程序索引，就是将一个应用程序嵌入到搜索引擎中以方便被发现的过程。随着消费者更多地使用移动应用程序，我可以想象应用程序会迎来很多不同的机会，移动设备的屏幕将会被搜索结果中的应用程序占据。

思考和启发

当今世界充斥着缺乏耐心的匆忙的消费者，他们希望在设备上寻找答案。显著性的意义在于脱颖而出。这使得寻找“最佳、最对的答案”更加困难，而不是更加容易。本章提供了一些基准，但是，所有形式的基于显著性的移动广告都只是刚刚起步而已。移动广告达到成熟还有很长一段路要走，我们对它的影响和潜力的认识也还远远不够。

对于智能手机来说，有限的屏幕尺寸是一个重要的因素。由于型号不同，苹果和三星 Galaxy 手机的屏幕大小相差可以达到 50%，而个人电脑的屏幕比这两种手机的屏幕大好多倍。这就极大地减少了在移动屏幕上可以看到的广告数目，也使得在智能手机上定制或者推送广告变得困难。广告在商店中的位置造成了有意思的三种互动，营销者可以将其利用起来。如今，研究人员开始运用神经科学和眼球追踪技术来研究，到底是什么吸引消费者的注意力以及导致其采取行动。这会帮助研究人员优化无论是大屏幕还是小屏幕的网页设计。与此同时，在各大品牌争相用移动优惠券吸引消费者注意力的时候，在小小的移动屏幕上的位置对于零售商意味着更大的价值，而且可以拍出高价。

以前，旅行者想获得关于当地食物和住宿的建议，还得仰仗坐在州际高速公路旁的桌子后面的工作人员以及他的知识、偏见和一时兴起，但是自那以后，基于位置的广告世界早就面目全非了。人类的基本行为可能没有那么大的变化，但是我们运用、发掘和理解数据的能力，以及影响消费者思想的能力，比以往任何时候都要强大，而随之而来的经济影响和管理需要也前所未有地高涨。

对企业的启示

- 开始运用本章描述的基准去测试与学习，并且充分利用好移动平台上自身广告的显著性的影响——这种影响不可小觑，从而获得更强的竞争力。
- 着力改善移动平台上自身广告的显著性，因为相比台式电脑，移动设备上的本地搜索更有可能带来店内的人流量。
- 当你和提供相互竞争的平台合作的时候，查看你在移动广告印象以及点击率的排名，并且将其与实际到店优惠券使用率结合起来。
- 在竞争激烈的场景下，根据移动平台上自身广告的排名（显著性），运用不同的折扣力度，然后量化与之相关的优惠券使用率。排名靠后，可以用更高的折扣弥补。商家和用户距离增大，也可以用更大的折扣力度来弥补。
- 比较在不同设备上消费者的回复率，因为显著性的不同，哪怕是一模一样的优惠券，其在智能手机和台式电脑上的回复率都不会一样。运用眼球追踪技术和神经科学的前沿发现去探索广告的展现形式。

第八章

拥挤度：狭促空间的重要性

只要想到任何场景的拥挤人群，我心里就会立即产生各种消极的想法。脑海里呈现的是在飞机场、火车站、商场、体育馆和地铁上拥挤的人群，他们摩肩接踵，希望获得哪怕多一英寸的空间。但是，从黑压压的人群中我们是否可以寻找到一点好处呢？企业是否可以利用拥挤度创造一种新的力量呢？如果可以，拥挤的力量中最关键的因素是什么？

21 世纪促使营销学范式转移的因素，在如今的智能手机时代，也同样影响着消费者和营销者利用拥挤度信息的方式。该因素就存在于消费者聚集模式产出的暂时数据之中，现在从公共资源中就可以获取前所未有的大量和深入的数据。这种趋势没有消退的迹象，最近新加坡政府的举措更是说明问题。

新加坡政府“在全国部署了不计其数的传感器和摄像头，监控从公共空间的卫生、人群的密集度，到每一辆登记注册车辆的走向”，这实际上是“智慧国家计划”的一部分。[1]在新加坡，法律的界定非常宽泛，政府不需要法庭的允许就可以获取各种敏感数据，比如短信、电子邮件、通话记录和从互联网服务商处获得的上网浏览记录。诚然，新加坡人需要更多的安全感，所以似乎不太在意更多的监视（隐私减少）。新加坡政府进而和国民拥有比较特殊的关系。[2]但是，这项计划其实为我在本书中写到的交换提供了额外的证据——交换个人数据获取更好的产品、服务和指导，可以让各方受益。

IBM 驻新加坡办事处的一位工作人员说道：“机会是无穷尽的。”[3]换种说法就是，庞大的数据可以揭示我们以前从未想到过的场合，或者我们曾经提出过理论但是从未被理解或者被利用过的场合。其中的一个场合就是用户身边的拥挤程度。几年前，我和同事就对拥挤度对于消费者回应移动广告倾向性的影响十分好奇。

当然，不是所有人群都是一样的。有一些人群是让人愉悦的。试想大学足球比赛在能够容纳 10 万人的体育馆中举行，9 万人聚集在温布利球场看球，或者 2 万人坐满了摇滚音乐会或者篮球比赛决赛的现场。另外一些人群汹涌的情况却让我们觉得是无法避免的灾祸，或者完全是让人避之不及的讨厌场景。事实上，如果你熟读社会学和心理学的相关文献就会知道，拥挤的人群是人类经常碰到的破坏性较强的力量之一。过去 50 年的研究显示，拥挤和身心疾病以及青少年犯罪具有关联性。[4]拥挤可以增加压力、[5]烦躁[6]和敌意[7]。个人可能认为自己在人群中是匿名的，这种想法会降低社交互动，助燃反社会行为。[8]

关于拥挤度的传统思维

如果身处无法让人愉悦、令人生畏的人群之中，人们会有怎样的反应？我们在商场和类似环境中的表现是清楚无疑的，我们想要逃离人群。如果是在零售场景中，拥挤会让消费者对商家产生消极的态度。[9]研究人员发现，当空间狭促，消费者感觉自由受到了威胁，他们就可能参与到重获自由的活动之中。[10]总体来说，因为我们感到紧张和焦虑，所以我们尝试避开人群，减少购物时间，降低接触概率。[11]拥挤促使购物者更多地依赖于熟悉的品牌，避免与店铺雇员及其他人接触，减少购物时间。[12]总之，这些研究大范围地显示了拥挤度的消极影响。因此，拥挤在以前是不受人关注的，至少对于销售产品的企业是如此。

几十年前，我们的逃避策略都只能是身体力行。我们走出店铺，将人潮甩到身后，越快越好。进入 21 世纪，当施展的空间变得狭窄，我们拥有别的逃跑路线——而它就在我们手上。

智能手机给了消费者逃离周边环境的出口。消费者沉浸在手机之中“是一种逃离的方式，是人们避免不期而遇的手段”，同时也给予控制自己空间和隐私的感觉。[13]

智能手机是我们通往世界的窗口，但是这个窗口也是双向的。在消费者处于压力之中的时候，智能手机给了广告商接近他们的机会。如果广告商知道消费者环境的拥挤程度，能否提供一条移动消息或者广告成为人们急需的安全阀或供其消遣呢？这样的场景证实了本书自序中提到的第二种行为矛盾。即使通常我们讨厌广告，但是也确实欢迎有用的广告。

为了证实这个想法是合理且有意义的，我们需要找到那些经常出现让人讨厌、感到压力的拥挤人群的地方，而且从广义上来讲，这种拥挤应该是世界各地通行的，不同国籍的消费者都有感同身受的体验。

问题的答案就在我们脚下：地铁。

如果你曾经在高峰时期乘坐过大众运输系统，你肯定知道这种拥挤程度。美国人口普查局（Census Bureau）的数据显示：在大多数美国城市，人们花大量时间通勤，单程平均 48 分钟。[14]乘坐地铁的时候，我们的视域中可以容纳几百人，包括站台和车辆中的人数。你有没有想过每天有多少人乘坐地铁？这个数目是惊人的。

2015 年，在纽约市，每个工作日平均有 565 万人次乘坐地铁。[15]2015 年，全年乘坐地铁的人次是 17.63 亿。即使数目如此庞大，纽约的乘车人次也只能排世界第 7 名，排在前列的城市分别是东京、北京、首尔、上海、莫斯科和广州。排在纽约之后的其他前 10 名城市还有墨西哥城、香港和巴黎。[16]即使是著名的伦敦地铁都没能挤进前 10 名。前 10 名的地铁线每年承载 227 亿人次，是世界人口的 3 倍。[17]

越来越多的城市在地铁上提供了无线上网，[18]为每日通勤之路创造了独特的营销环境，这个说法一点都不夸张。美国人每天平均通勤时间是 48 分钟，所以该研究的主笔人之一的说法：“每天通勤的大量停工时间对于营销者简直就是金矿”，这真是再自然不过了。[19]

但事实是这样吗？是不是仅仅因为我们在公共交通工具上持续半个小时到一个小时和陌生人挤得水泄不通，通过移动广告的营销就会更加有效呢？

拥挤度对移动采购的影响

2016 年，米歇尔·安德鲁斯、罗学明、方正和我发表了一项研究。我们和世界上最大的电信提供商合作，在大型地铁系统测试上述想法是否正确。那个城市（不是新加坡）的地铁安装了移动信号接收器，乘客在乘车过程中都可以使用手机。[20]

我们的目标是测试拥挤度是怎样影响消费者对移动广告的反应的。我们将拥挤度定义为每平方米内的人数。如果你不坐地铁，但是在你附近可以找到地板，你可以站在 3 × 3 的胶地板或者油毡地板中间，然后想想自己身边的人越来越多，你就可以有所感受。

该城市地铁系统内的无线传感器可以让旅客上网，并且随着拥挤度的增加，可以使我们测试消费者对移动信息的反应。理论上来讲，应该有上限值。如果你邀请 6 个同事和你一起站在 3 × 3 的瓷砖上面，你可能没办法从口袋里掏出手机，更别说进行复杂的操作了。在东京，每平方米能挤 11 个人。在香港，管理机构在考虑将地铁车厢中的座位拆掉，给乘客“更多的空间和自己的设备互动。”[21]然而，在我们研究的城市中最拥挤的情况（也就是上限值）是每平方米5个人。

与我们合作的一家亚洲电信服务商（到目前为止是其国内最大的一家）对该研究是不可或缺的，不只是因为我们在一天之内需要随机锁定消费者，我们也需要确切地知道他们什么时候在地铁里。蜂窝技术能够让我们实时记录手机用户的数量，如果获知了车厢的精确规格，我们就可以准确计算出人与人之间的空隙，量化拥挤度。

在研究中的每一天，我们分5次发送不同服务的广告，每一个广告都针对一天不同周期之中的典型阶段。在每一个周期之中，服务商向2～3列车厢推送短信，每天一共14列车厢。由于地铁平均行驶30分钟，回复的时间设置在20分钟之内，以保证大多数乘客还在旅途中就能回复短信。列车时刻表如下：

- 早上7：30～8：30（早高峰）；
- 早上10：00～中午（早晨的平静时段）；
- 下午2：00～4：00（下午的平静时段）；
- 下午5：30～6：30（晚高峰）；
- 晚上9：00～10：00（晚饭后交通）。

目标锁定的超过15 000名用户在此之前都没有使用过额外服务，也没有从无线网络提供商那里收到过类似的短信。这能够让我们排除以前营销活动的残留影响。

新的考量：寻找拥挤度的价值

与直觉相反，结果显示，在拥挤地铁车厢内的乘客回复移动广告信息的可能性是宽松车厢内乘客的2倍。所有样本的回复率是3.22%。[22]乍一看，你会觉得该数据偏低，但是和移动优惠券0.6%的回复率以及基于位置的移动优惠券1.65%的回复率相比，其实还是很高的。[23]

在所有车厢内，平均来讲，如果每平方米有2个人，购买率是2.7%；如果每平方米增加到5个人，购买率则上升至4.1%。这些结果适用于在我们控制了高峰和非高峰、工作日和休息日、移动电话使用行为和随机发送移动广告给用户等因素之后。

另外一个有意思的发现是，随着拥挤度上升，消费者的响应并不是线性的。如果我们将拥挤度的基准定为每平方米2个人，当拥挤度翻倍到每平方米4个人的时候，移动购买的可能性就增加16%。但是，当拥挤度从每平方米4个人增加到5个人的时候，可能性就陡增47%。车厢越拥挤，增长就越多，虽然因为该地铁系统的乘坐模式，我们没有办法测试每平方米5个人以上的情况。[24]

机缘巧合使得我们在实验期间发现了更多的惊喜。有一天，因为政府车队（安保人员护送一名政府官员）经过，造成封路，地铁里一时间人群激增。另外一次，由于乘客背包卡在车厢门之间，结果列车晚点，造成乘客分布和在车厢内时长的变化。在这种情形下，我们提供不同但是价格相似的产品。我们由此可以判断购买的变化是由于乘客的异质化还是拥挤度的变化造成的。在所有案例中，研究发现的整体方向是对的。拥挤程度越高，不管是意料之中还是之外，人们越有可能响应移动广告。

行为解释

拥挤通常跟焦虑和不愿意冒险这样的消极情绪联系在一起，研究发现却揭示了拥挤的积极一面：在拥挤的地铁环境中，移动广告可以帮助人们解压，所以是受欢迎的。接下来的挑战是解释广告回复率提高的原因。无线服务提供商拥有客户服务呼叫中心，可以调查乘客。于是，我们就在购买了促销产品或者服务的消费者中展开了调查。在将购买记录和实地拥挤度的数据匹配之后，调查帮助我们确定了拥挤度影响购买可能性的可能原因。

答案似乎是：移动沉浸。

列车上的乘客越来越多，个人的私人和物理空间被侵占。空间的限制造成行为的收缩，导致没法做一些事情。行为约束理论[25]认为，随着越来越多的人侵占别人的私人物理空间，人们会向内部调整，将社会和物理环境的信息过滤掉。[26]在心理层面处理空间的丧失，同时避免不小心与别人四目相对，人们逃到手机的个人空间之中（见图8－1）。[27]我们的实验发现，他们变得更加容易接受移动广告。他们花更多的时间在智能手机上密集浏览各种内容，想要退回到舒适区，避免和身边的陌生人有眼神交流或者其他互动。[28]通过手机转向内部使我们关掉外部的噪声，忽视或者压抑不适感。我们随之更加注意手机屏幕上出现的内容，特别是如果广告设计得当，正当其时。

图 8-1　沉浸在移动设备中是逃避令人不适的人群的方式

资料来源：Canstockphoto 摄影。

我需要指出我们的实验场景，地铁并没有满负荷（比如在东京的地铁，每平方米可以站 11 个人）。在此种情况下，依照逻辑可以推测拥挤度上限的效应：人群过于密集会消极影响移动购买，因为拥挤会限制使用手机的能力。

从本质上讲，智能手机和拥挤度的结合创造了一个全新的购物场合。这个场合拥有地铁乘坐的数据，是全世界人们都有的共同和频繁的体验。即使我们保守估计通勤时间是 30 分钟，并且假设一半的旅行是个人单独完成的，每年，世界上前 10 名的地铁体系帮助营销者向消费者提供了 56.8 亿个小时闲着的时间。

谷歌开始在印度的几个火车站提供免费的无线上网服务。截至 2016 年 8 月，在印度的 23 个主要火车站，差不多有 200 万人连接上了谷歌和 RailTel 提供的免费高速无线网络；到当年 12 月，网络将覆盖 100 个车站。[29]观察家指出，该免费网络比在印度广泛应用的 3G 网络的网速快很多。对于常驻印度的企业和品牌来说，免费网络带来了机会，可以利用“拥挤度”力量，向乘客推送相关信息。因为这些列车是在地面上的，其线路和时间也是事先固定的，所以可以结合“位置”“时间”“天气”等力量创造出更加强有力的和吸引人的广告。

新的考量：在人群中区分通勤人士和非通勤人士

不管是怎样的人群，基本都可以分为两大类：在家与办公室之间往返的人和非此种人群。这两群人对于企业推送的移动信息的倾向会不一样吗？

回想一下我在第五章描述的与同事做的一项研究，当时我们和韩国最大的移动服务平台供应商以及首尔的公共运输管理局合作。我们的目标是将优惠券发送给韩国的各类通勤人员（坐火车、公共汽车等）。在我们的日常活动中，通勤是一种压力的来源，而且和不同程度的恼怒、嫌恶、抑郁和气愤紧密相连。[30]研究人员已经发现压力起源于不同的环境因素，比如噪声、拥挤和空气污染。在不同的心理和生理理论基础上，我们提出假设：拥挤的压力会提高移动优惠券的兑换使用频率。

两家全国连锁商店开展几种食物和饮料产品的促销活动。71 828 份优惠券被发送给了从 127 万名用户中随机抽选出的 44 622 名用户。优惠券通过一个公共交通的移动应用程序推送。该应用程序最重要的特点是公共交通向导功能，根据实时交通状况，提供用户从出发点到目的地的几种快速路线方案以及预计到达时间。用户使用该程序之前，需要填写家庭和工作地址。用户在使用路线规划功能的时候，只需点击“去工作地点”或者“回家”就可以了。应用程序会将用户从家里导航至办公室，反之亦然。相比而言，如果用户希望在路线上有所引导而不是通勤路线，他们必须增加临时路线，只需填写出发和到达地点。应用程序的这项功能可以追踪用户常规通勤路线和偏离常规路线的临时路线。该程序还可以准确地定位用户（在公共汽车、地铁或者街道上），然后提醒用户上下车和换车的时间和地点。

我们细致地设计了随机现场实验，随机挑选使用路线向导功能的用户，不管是通勤路线（实验组）还是非通勤路线（控制组），向他们发送移动优惠券。当用户激活通勤或非通勤导航功能后，就会弹出“查看礼物”窗口，如果用户点击，则移动优惠券就下载到用户手机中。移动优惠券的形式是图片文件，包含图片、名字、到期日和产品二维码。用户可以在到期之前，在任何一家店面扫二维码获得产品，不需要额外支付费用。我们也可以确认用户有没有使用二维码兑换了移动优惠券。

我们发现，发送给通勤人士的优惠券比发送给非通勤人士同样的优惠券的使用率更高。营销者可以集中在一天之中通勤压力相对较高的时段，比如高峰时段，提高消费者回复率。通勤者平均使用率是31.6%，是非通勤者使用率的1.76倍。

我们发现两种促使人们回应移动广告的方式：第一，企业可以变化发送给用户的优惠券数量；第二，企业可以延长优惠券的使用期限。

我们也发现，如果优惠券只有一张，通勤者反应就会特别积极；但是如果优惠券多于一张，通勤者的反应就很消极。也就是说，他们表现出效率和专注。然而，非通勤者却对多张优惠券反响热烈，因为可以从多样化的选择中获益。

另外，通勤者对于兑换期限更短的优惠券反应积极。例如，向通勤者推送离到期只剩一天或者几个小时的打折优惠券是一项有效的战略。但是，非通勤者却更喜欢兑换期限较长的优惠券。在实验人群中，有效期更长的优惠券（如一个星期）效果更好。

企业可以将通勤视为目标环境，以提升移动营销战略的效力。

思考和启发

关于拥挤度的很多文献都强调其消极影响，但是新的研究显示，移动促销锁定处于拥挤场景的消费者，对消费者来说这可能是一种释放压力的途径。同样的机制也适用于在拥挤的公共汽车、道路、火车站和机场的人们。即使当消费者不拘束在公共交通体系之内，但是身处挤满陌生人的拥挤场地，比如纽约的时代广场，他们也可能会积极回复临近商店的优惠券或者广告，因为他们可以到这些地方避开人群。

我和同事以前的研究发现，消费者更有可能点击附近商店的链接和排名较高的链接。其他研究也支持该发现，并且发现消费者离店铺越近，广告位置越靠前而且有折扣，消费者购买的可能性和移动优惠券使用率也随之提高。[31]将所有因素考虑其中，如果临近的商店能够在人群中找到潜在客户，相比不是在人群中寻找客户或是在另外一群人中寻找客户，其成功率可能会更高。当然，不是所有的人群都是一样的，匿名的大有人在。在拥挤的餐厅或体育馆中的人们可能会关注食物、朋友或者观看的比赛，而不是广告。而且，由于喜好和生活环境不同，人们应对拥挤的方式也不一样。[32]

有一点很重要，那就是区分通勤高峰时刻和非通勤高峰时刻，并且制定相应的营销战略。在决定是定位通勤人士还是非通勤人士之后，企业需要计划优惠券的最佳发放数量。1 份给通勤人士、最多 5 份给非通勤人士是最佳的做法。而且，针对通勤人士，兑换窗口期的时间越短，效果越好；更长的兑换时间针对非通勤人士更加有效。

我可以想象将会涌现很多新的创业机会，帮助原有企业全面地探索利用不同场景的力量。很多包装消费品制造业、零售业、时尚业、成衣业、快餐和饮料业、旅游和酒店业以及其他产业的原有企业必须和新的加入者紧密合作、共建基础设施，不仅可以预计特定地点的拥挤程度，也可以在这些地方发放广告。我们在前面两项研究中的发现只是巨大货币化机会的冰山一角而已。

由于在拥挤空间之中存在这样的微小时刻，企业仔细区分通勤人士和非通勤人士是有意义的。

对企业的启示

事关重大。有人估计移动广告消费将在2018年达到1 000亿美元。[33]鉴于相关预计，企业有必要了解消费者最能接受广告的时间和地点，因为利益攸关。为了让自己的投资有成效，企业应该利用消费者周边的即时拥挤状态。拥挤度是一股强大的力量，如果忽视这股力量，则风险自担。对企业有以下三点启示。

- 人们在水泄不通的场景之中摩肩接踵，移动广告被证实为喜闻乐见的消遣。在拥挤场景中发送的移动广告优惠券的使用率是在非拥挤场景中的两倍。
- 在检验移动广告效力的时候，一定要分清楚通勤时刻和非通勤时刻，以及通勤人士和非通勤人士。
- 根据不同的目标人群，企业可以通过调整发送给用户优惠券的数量、兑换期限或者双管齐下来提高使用率。通勤人士更欢迎兑换期限较短的单一优惠券，非通勤人士更欢迎兑换期限较长的多张优惠券。

第九章

轨迹：注意行走方向

汤姆和瑞秋住在美国田纳西州的纳什维尔。汤姆快 40 岁了，是一家小型音乐品牌的营销主管。瑞秋和汤姆年纪相仿，在市中心的一家银行工作。在一个异常温暖的春日下午的 5：45，他们站在格兰大道和 21 号大街南边的交叉口。晚餐时间临近，他们经常在音乐街和范德堡大学之间的区域吃晚饭。如果你是本地的餐厅老板或者商人，如果知道他们当晚的计划就再好不过了。又或者——如果没有相关信息，你可以对他们的出行计划施加点影响力。

汤姆和瑞秋是附近餐厅定向、定制广告的成熟目标。事实上，对于任何能够搞清楚他们是谁和在哪儿的企业，他们都是一对近在眼前的潜在目标。

基于位置的广告（LBA）直接定位这么合适的客户，使我们向广告的圣杯又迈进了一步，那就是在正确的时间、正确的场合、正确的地点对正确的人发送正确的广告。因此，基于位置的广告已经成为品牌和零售商广告组合中的不可或缺的一环，这一点并不稀奇。

未来看起来一片光明。雅虎主管战略和研究的副总裁在2015年声称："下一代基于位置的广告给品牌营销者带来了巨大的机会，为消费者推送相关和有用的广告。移动正在改变所有事情，作为营销者，我们将继续发掘越来越多的可能性。"[1]在她看来，关键因素是潜在目标在哪里（位置）、什么时候（一天内的时间点）、是谁（人口统计和购买历史）。对于汤姆和瑞秋来讲，如果他们将手机开机并且打开了相关功能，上述所有信息都是可以获取的。

我已经描述过位置和一天内的时间点。本章主要描述人口统计和行为历史。但是，了解历史不只是要了解消费者的年龄、性别、收入水平和他们过去买的商品。除了这些以外，它还要追踪消费者在线下购物的时候，到底经历了什么过程。如果我告诉你未来很光明，但是并不是雅虎高管所说的原因呢？如果基于位置的广告是迈向广告圣杯的重要一步，那么你是否能够向前跳跃一步呢？

有一种方式可以使移动广告的未来更加光明。这种方式已经存在，而且是有已被证实的潜力，我在本章稍后部分会提到。在未来，移动广告的主要力量不再是个人的购物历史或者消费者的位置，而是根据某人曾经去过的地方，预计他将会去哪里。移动广告的未来在于弄清楚关于人们过去的丰富数据，而不仅是现在的状态，这样才能预测他们将会到哪里去。各品牌都应该听听冰球手韦恩·格雷茨基（Wayne Gretzky）说的一番话："我会往冰球的走向滑去，而不是朝着它以前的方向滑。"

在网络世界中，我们只花了几年时间就习惯甚至拥抱了一个理念，那就是企业（电子商务公司、搜索引擎和网站出版商）可以追踪我们的浏览行为，并且预测我们的下一步行动。类似的革命即将席卷现实世界。实现这场革命的跳板就是个人的轨迹。本书自序中已经阐述过个人的轨迹是线下活动的物理、行为痕迹。企业可以估计我们什么时候进过实体店，什么时候走过前门，什么时候到达第二层楼，等等。

比较基于位置的数据和基于轨迹的数据就像比较快照和高分辨率的视频短片一样。快照能够抓住当下时刻的丰富细节，但是视频短片可以让我们观察一段时间内的动作，找出模式，并且寻找其他可能影响个人行为的线索。假以时日，视频短片的长度和分辨率都会改善，将提供更加丰富的细节数据给设计营销、品牌和广告方案的相关人士。他们将从视频中获取的洞察和快照进行结合之后，就可以开始描述更加清晰的消费者群像，并且带来更加丰富的购物体验。这就像《哈利·波特》中描述的活点地图，但是因为内存缓冲更大，所以消费者群像是升级版活点地图。

让我们回到纳什维尔美妙傍晚的汤姆和瑞秋身边。想象一下，如果你事先知道他们那一天的活动不仅是一致的，而且速度很慢。很明显，他们没有开车。即使在走路的过程中也时常停顿。很明显，他们并没有稳定、流畅的节奏。如果有营销者追踪了他们一段时间的活动，查看了轨迹，就会清晰地发现两件事情：第一，他们是情侣，在遛狗；第二，在这次旅程之中，和往常一样，他们会在星巴克买咖啡，但是不买主食或零食。由于天气异乎寻常地温暖，虽然不能百分之百地确定，但是他们中的一个很有可能会买冰咖啡而不是热咖啡。然后，汤姆和瑞秋回家。但是，他们还没有吃晚饭。

轨迹留下的丰富数据是有价值的，因为数据揭示了模式和倾向。从数据中，可以看到清晰的倾向和没法一下子解释清楚的微妙结果。这些模式巩固了本书自序中描述的四大行为矛盾之一：人们寻求随性自然，但是他们的行为是可以预计的，而且他们也重视确定性。我们的个人轨迹之中隐藏着线索，说明我们自认为的随性其实只是可预见模式的变形而已。即使进入新的环境，我们也遵循着固有的习惯。

想要弄清楚基于轨迹的广告是否在现实生活中有效，我们需要更加精确地定义轨迹，才能持续稳定地估计。然后，我们需要做一些实验。我们也确实这么做了。

让“轨迹”可测量

轨迹有三个维度：时间、路线和速度。时间包括轨迹起始、结束时间和具体是一周之内的哪一天。路线并不是位置，而是确定一个人空间轨迹与他人轨迹相似程度的方式。

试想在纽约市有两个人，名字分别叫作荷西和塔拉。如果我们发现在周一傍晚，荷西和塔拉乘坐同一辆地铁到宾州车站，这并不表明他们的轨迹一定重合了，即使他们或多或少占用了同样的空间，选择了同样的路线。成百上千的纽约人每天都遵循同样的路线，所以我们必须调整分析的方式，将拥挤程度和路线的热门程度考虑在其中。

但是，如果荷西和塔拉上楼到麦迪逊广场花园观看尼克斯的比赛，然后在同样的小餐馆吃了晚饭，他们的轨迹就显示出有意义的相似性和重合。虽然我们有可能从他们看比赛的座位推测出来，但不一定表明他们是朋友或熟人，他们似乎有一些同样的行为，而且属于同一客户类别。

最后，速度包括个人移动得有多快。藏在这些模式中的信息至关重要。除了其他功能，这些信息帮助我们了解某人是专注的购物者，只买计划好的商品，还是探索者，等待着吸引他眼球的商品冒出来。

在这三个维度之下做支撑的是第四个更加精细的维度，叫作语义学。语义学包括好几个因素，比如某人到访特定商家的可能性，他会待多长时间，他花多长时间转移到另外一个位置，这两家店铺有无关联。从迪克运动用品商店（Dick’s Sporting Goods）到学院运动用品店（Academy Sports）是相关产品类别的迁移，但是，从迪克运动用品商店到史泰博办公用品店（Staples）却不是。

图 9－1 描绘了在人口密集的城区，人群行走模式的快速和准确的监控。[2]监控显示人群中某些人的轨迹样本，以及我们如何比较个人的行动。左上角的图是基于智能手机加速计的数据流，展示

了我们如何提取个人静止和运动状态的活动特征。例如，商场的设计使得人流需要同时在某处转弯。从右上角的图可以看出智能手机的指南针读数显示的转弯度相似性。下方的图显示了人群是如何协调一致地在商场不同楼层间移动的。在多层楼宇之中，智能手机气压计可以探测到楼层间步调一致的转移。

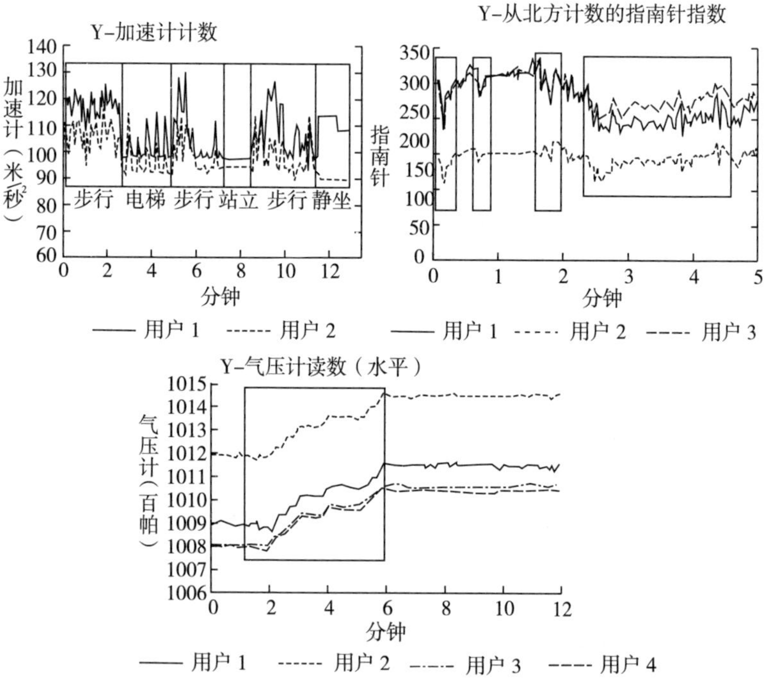

图 9-1 运用智能手机的加速计、气压计和指南针应用程序的数据使得轨迹可视化并且可测量

资料来源：改编自里尤雷卡·森（Rijurekha Sen）等所建立的 GruMon 系统。

专注和探索是购物的两大“阶段”。过去 100 年的几项营销学和心理学的研究都强化了同样的理论：我们在思索的过程中经历了不同阶段，这些阶段最终使我们做出是否购物的决定。[3]该理论的基础在于，消费者做决定的时候是要处理信息的。[4]

当我们处于购物的早期阶段，比如“探索”阶段或者“有意识”阶段，我们更有可能冲动购物。[5]如果在此阶段，我们被随机暴露在某些物品面前，就有可能引发无计划的购物，因为我们发现了新的需求或者想起了暂时忘记的需求。我相信所有人都有这样的经历，当你曾经听到过某些事物的记忆会提醒或者鼓励你去购物，即使这种联系是间接的。例如，在回家的路上，你听见电台新闻报道里提到雪佛兰的沃蓝达车型，你可能就会在脑子里提醒自己当天傍晚的晚些时候要去杂货店买电池。如果消费者正好碰上商品打折，冲动消费的可能性就更大了。[6]但是，当我们处于购物阶段后期的时候，比如“互动”阶段和“考虑”阶段，因为有了关注点，所以我们听到或者看到什么东西的时候，回应的可能性就降低了。

发掘移动营销中轨迹的力量

从理论上来讲，运用个人轨迹定制和定向移动广告的想法很诱人。但是，事实就是如此吗？如果是，那么效果有多好？为了寻找答案，李贝贝、刘思远和我在亚洲最大的商场之一进行了一系列精心设计的研究。[7]该商场占地 130 平方英尺，容纳 300 多家店铺，每天平均接待 10 万多位客人。我们的实验从 2014 年 6 月 9 日开始，持续到 22 日，共有 252 家店铺参与其中。我们分析了83 370份用户数据，运用了无线系统等室内定位体系（像GPS或者信号塔这样的室外定位系统在室内效果不好，位置数据不精确）。

研究设计保证我们能够获取一组丰富和多元的数据以供分析，而不只是体量庞大而已。在许多大型商场，诸如LTE或4G这样的宽带网络信号不好，特别是深入到商场内部的时候。很多消费者喜欢移动试衣间，因此这一点很重要（第五章曾有描述）。[8]为了克服网络不便，许多商场和大型购物中心开始提供免费无线网络。

在2013年，《纽约时报》有一篇报道，描述了零售连锁商店诺德斯特龙（Nordstrom）如何利用无线网络在店内追踪购物者的行动。诺德斯特龙在店内安装了传感器用于扫描智能手机。任何开启了无线上网功能的手机都会被传感器搜索定位，记录手机的MAC地址（每个手机独一无二的地址），然后使用该地址认定和跟踪收集消费者在店内的活动。[9]类似于家庭美元商店（Family Dollar）的大众市场连锁店和像坎贝拉（Cabela's）、好妈妈（Mothercare）、贝纳通（Benatton）、瓦尔比派克眼镜公司（Warby Parker）一样的专业零售店一直在测试不同的室内定位技术，一般都是基于随处可见的无线电技术（比如无线网络和蓝牙）和短程临近传感器技术（比如RFID）。它们根据数据设计店内陈设并且推送定制优惠券。

在我们研究所覆盖的商城入口处，消费者可以选择是否连接免费的无线网络。与此同时，也会发送通知告知消费者，连接无线网络即意味着商城可以监控他们的店内轨迹，在采购的同时分享数据可以换来量身定做的优惠券和广告。在数据运用方面，消费者和品牌之间的完全透明对于我们很重要，因为只有这样，我们才能评估消费者分享个人信息的意愿，以及愿意被实时监控以获取相关优惠信息的程度。

我最开始的期待是只有一小拨消费者愿意和商场建立了这种明确的数据分享关系。然而结果却是多于3/4的消费者告诉我们"拿走我的信息，给我无法拒绝的交易吧"。这让我想起在本书中一再强调的第四种行为矛盾：人们想要保护隐私，但是又越来越多地将个人数据当作货币使用。对于消费者和商业组织之间互取所需关系认识的日益加深是一件好事。如果消费者想要回避侵入性或者不相关的广告，他们应该帮助商业组织达到此目的。通过分享自身的数据，商业组织提供相关广告的方式就不容易让人生厌或者无所适从。对于商业组织来说，我再次强调一点：应该运用移动技术成为消费者的管家或者看门人，而不是跟踪狂。

研究覆盖的消费者一旦连接了商城的无线网络，我们就能够在他购物全程跟踪获取轨迹信息细节，以及精确的时间点。但是，在消费者收到无线网络接入密码之前，他们需要填写一个表格，包括年龄、性别、收入范围、信用卡类别（金卡、铂金卡、礼品卡和其他）以及手机类型（苹果、安卓和其他）的表格。在每家店铺，消费者购买商品的时候需要填写另外一份表格，包括和上述类似的个人信息、消费金额以及消费是否和移动优惠券相关。

此后，我们将两份表格的信息进行比对，确保准确度。

连续两个星期，我们每天随机将6 000名商城访客分配在以下四个组中：

- 控制组，不接收任何移动广告；
- 随机广告组，接收随机抽取商店的移动广告；
- 基于位置的广告组（“你在哪儿”），接收基于当前位置信息的移动广告；
- 基于轨迹的广告组（“你去过哪儿”），接收基于消费者轨迹信息的移动广告。

后三个小组的消费者通过手机号码接收移动优惠券，所以不能转让给别人。为了减少偏差，我们将参与实验的252个商家随机打散，同时它们可以代表任何大型商场的商品类别。我们也随机打散了同一家商店优惠券的设计（比如九折、八折、七折或者五折），甚至随机设计了优惠券的格式（“价格打五折”与“买一送一”）。

在前人研究的基础之上，我们追踪了几个我们认为可以帮助记录个人轨迹的方面。为了达到追踪的目的，我们使用了商店分析器（ShopProfiler），该系统集中了传感器读取的移动设备数据。数据收集是自动在后台运作的。从消费者的角度来看，该数据展示的是他去过哪些商店，分别停留了多长时间，以及走路速度。从商店的角度来看，该数据揭示了店内陈设和在一定时期内的访客数量。

在消费者离店之后，我们在手机上进行了较简短的后续调查，询问消费者是否使用了收到的移动优惠券，以后还愿不愿意接收这样的信息，以及对整体购物体验的满意程度。我们也询问了额外的个人信息，例如，该消费者是不是第一次到该商场，是一个人还是和他人一起购物，在接收广告的店铺里花了多少钱，以及在商场一共花了多少钱。

为了解购物者在购物过程中所处的阶段，我们运用了一个简单的评价量规：将持续访问不同店铺购买同一类产品的消费者标记为“专注者”，将前面几次去过不同店铺、寻找不同产品类型的消费者标记为“探索者”。在购物者进入商场至少 10 分钟之后，我们就会通过快照形成基本判断，然后再向其推送优惠券。当然，购物者也可能是带着包括许多产品购物清单的“专注者”（比如生日贺卡、童鞋、工作衬衫和婚礼礼物）。这些标记只是用来说明情况，帮助我们将消费者分为两类的。当然，我们可以很容易就想出其他的标记方式。

新的考量：线上数据在线下世界中的价值

如果在数据驱动之下的基于位置的广告向广告的圣杯迈进了一步，那么基于轨迹的广告就是再向前一步。我们已经发现从整体上来讲，基于轨迹的广告极大地提高了移动优惠券的兑换使用率，但是我们也发现了在何种场景之下，它的威力是最大的；而在何种场景之下，它没有其他形式的广告表现好。最有说服力的发现是，基于轨迹的优惠券比基于位置的优惠券的使用率高：前者比后者平均高出 35%，比随机广告高出 94%。

我们发现，基于轨迹的移动广告比其他广告方式更加吸引专注型购物者，而随机广告和基于位置的广告更加吸引探索型购物者。如果购物者正在探索购物而不是专注购物（意思是购物者容易冲动购物或者购买不在计划内的商品），随机广告比基于轨迹的广告效果好，特别是在周末的时候。这个发现为实施精心策划、数据驱动的广告战略提供了最好的论据之一。根据消费者的场景和需要，该战略充分运用了三种广告形式——随机、基于位置和基于轨迹。

如果只观察个人消费者而不是团体消费者，这些研究结果也同样适用。我们发现基于轨迹的移动广告的平均效果都超过基准广告战略，紧随其后的就是基于位置的广告和随机广告。

新的考量：基于轨迹广告的效率

基于轨迹的广告提升消费者的消费额，同时提高消费效率。从一家店铺接收到基于轨迹广告的购物者比接收到基于位置广告的购物者多消费 38%，而且花费的时间减少 26%。这个关于效率的发现尤为重要，因为它强调了消费者用数据跟品牌或者零售商做交换而获得的好处——价值创造，我经常这么称呼这种益处。你可能还记得在本书自序中描述的第二种行为矛盾。是的，我们觉得广告讨厌，但是与此同时又害怕错失信息，不喜欢在搜索过程中的试错。基于轨迹的广告更加倾向于推送立即有用的信息，而不是让人嫌恶而具有侵入性的信息。

收到基于轨迹的优惠券的购物者在发送广告给他的店铺中只

会花费不到10分钟的时间，平均消费56.78美元。收到来自同一家店铺的基于位置的优惠券的购物者在店内逗留大概13.5分钟，花费41.25美元。收到随机优惠券的购物者停留超过28分钟，平均只消费23.50美元。

新的考量：人口统计差异

年龄和收入也会带来回复率的差异。基于轨迹的广告在高收入人群中尤其有效。有人认为这类人群对促销没有兴趣，但事实上我们一再看到他们很乐于接受目标定向程度高的广告。高收入人群对于随机广告和基于位置的广告反响不那么热烈，但是却明显偏向基于轨迹的广告。这进一步支持了关于效率的说法，即高收入人群能够接受和欣赏基于轨迹、目标明确和管理得当的广告。平均来讲，月收入较低的购物者都会更加积极地兑换使用移动优惠券，而且不论广告类型。此发现是合理的，因为我们认为低收入的消费者通常对价格敏感，如果有打折促销，他们会觉得广告具有吸引力。

不论广告类型，年轻的购物者（20~30岁）比年长的购物者（40~50岁及以上）都更容易接受移动广告。女性购物者在发送优惠券的店铺中花费的金钱比男性更多，但是相对于其他两种广告，男性购物者更愿意回应基于轨迹的广告。此结果与先前的研究发现是一致的，即在购物时，男性比女性更需要指导。[10]我们的结果显示，精心设计的移动广告活动能够提供更好的购物指导。

基于轨迹的广告能够改变我们的行为吗

有一个有趣的问题：在收到一则移动广告之后，购物者会根本改变自己的行为模式吗？我们是否有根本不变的特质，抑或容易受到影响？这些问题很重要，因为问题的答案能够使我们更好地理解如何提高店铺的收入，并且可以从短期和长期两个方面来检验广告的效力。

我们在做以上分析的时候，将所有的消费者（以及他们的轨迹）分成了10个小组，每个小组成员行为相似，但是和其他小组成员不一样。关键在于要测试关于影响的想法，即收到移动广告是不是会造成消费者暂时从行为模式中脱离，又或者收到广告之后的行为变化很明显，以至该成员需要离开本小组，“加入”另外一个小组。

在控制组之中，成员没有收到任何广告，1.8%的客户在商场之中自然地偏离了原有的行为模式。有意思的是，在对比前后数据之后，我们可以确定轨迹小组中13.1%的客户从一个小组转移到了另外一个小组之中，位置小组客户紧随其后（11.18%），然后是随机广告小组（7.8%）。轨迹小组的客户在收到广告之后，平均进入新类型店铺数量最高（5家）。位置小组和随机小组的购物者平均进入3家新类型店铺，控制组平均只进入1家。这些研究结果表明，基于轨迹广告的效力不只在于可以使购物体验更高效，也在于可以促使消费者改变未来的购物模式，为店铺带来更多的额外收入。换句话说，焦点广告店铺一定会从精心设计的移动广告中受益。

所有的研究结果都强调了几个理解智能手机文化的重要方面，以及相关的营销机会和理应获得的关注。第一点是该市场极具活力。基于位置的广告必将快速发展，各公司需要重新分配和优化广告支出。但是在零售业，基于轨迹的广告可能即将替代基于位置广告，成为移动营销的主要形式。当然，这并不是说基于位置的广告就要退出历史舞台。在商场的研究已经清楚地显示：当消费者知道分享数据可以让其购物体验更高效，而且能让他们感到舒服的时候，基于位置的广告就能够激发收入，提高消费者满意度。但是和基于轨迹的广告相比，基于位置的广告就黯然失色了。

哪一个维度最重要

在最后的实验中，我们观察了定义用户轨迹的几个维度——时间、路线、速度和语义，以便找出哪一个维度最能预测消费者的行为。我们注意到几个重要的发现，让基于轨迹的广告更加具有商业价值。

时间是一个重要的维度，这么说有点凭直觉。我们观察消费者的轨迹时间越长，整体流动性信息就越丰富，从轨迹中得出的精细信息也更加精确，价值也更大。然而，如果轨迹比较短，相对于更加传统和便宜的粗略数据，精细信息的价值就没法大到带来本质差别。不论有没有广告的影响，从一家店铺挪到另外一家的可能性的语义维度都是预测个人未来行为的另外一个因素。

如果检查该研究遗漏的方面，会发现有趣的结果。这些发现表明，位置临近并不足以了解和预测消费者的物理行为。我的意思不是基于位置的广告就没用了，只是强调基于轨迹的广告固有的优势。在测量比较了不同流动性的信息价值以后，我们发现位置临近相对价值较小，而历史活动信息却更能预测消费者的行为。相对于传统的行为数据，精细流动性数据的优势在用户轨迹更长的时候愈加明显。

其他的案例

运用从移动数据中发掘的客户轨迹案例已经在世界各地展开，企业也开始挖掘其中的黄金机会。明尼苏达州的美国购物中心（The Mall of America），每年从加拿大、日本及拉丁美洲、欧洲和其他地方吸引 4 200 万名游客，它最近就成为移动数据挖掘的极佳案例。[11]拉维·巴普纳（Ravi Bapna）和另外几名研究生分析了从无线网络中获得的非识别性消费者数据，以了解行走模式、特定地点逗留时间和不同活动对访客数量的影响。在购物中心之内，根据活动特点，他们认定了不同的购物者群体，在商场的不同进出口获得了不同发现，探索了店铺的促销活动如何影响交叉销售，以及购物者是否钟情于特定零售品牌。

我预计在未来几年，更多美国和其他地区的购物商场会像美国购物中心一样，在无线网络数据之中进行初级的分析。并且，会有更多不同行业的商业组织将采取基本的轨迹移动营销手段，类似于我们在亚洲的各大购物中心执行的项目。

另外一个有意思的例子是商家利用热感摄像机获取购物者的运动分析数据，这些数据运用了在类似于 PRISM 的公司中运用的软件。实质上，热感运用视频形象在视觉上展示人群的位置和密度。采用热感技术，一家位于尔湾市（Irvine）的零售商 Combatant Gentleman 发现男顾客进入实体店的时候，会涌向棉质套装，与之形成鲜明对比的是，该公司的线上客户主要会购买羊毛制品。所以，Combatant 公司将棉制品移至店面进门口的地方以后，销售量就激增。[12]将服装与热感和 RFID 结合起来，零售商就可以知道哪些商品在试穿之后被抛弃，哪些货架吸引或者不吸引顾客，等等。

思考和启发

回想在纳什维尔街角的汤姆和瑞秋，他们长时间以来的行为模式使我们了解了一些重要的细节：遛狗、终点是星巴克、只点咖啡——而不只是在一个位置的行为或者其他单独因素。有了这些信息，我们就知道星巴克有了机会，而一个街区以外的小辣椒快餐店（Chipotle）很有可能是在浪费钱。

本书中罗列的研究发现显示：最具有冲击力的能量来自几种力量和数据的组合，而不是来自单一的力量或者资源。

营销者可以结合传统数据来源（社交媒体、支付或者积分卡等）以及来自无线、蓝牙、RFID、应用程序和店内视频等位置数据。它们可以使用交易信息为营销服务（交通模式、定价和顾客行为转换），而不只是出于运营的考虑（补货、生动化）。[13]视频的作用很重要，因为可以让商家观察什么样的顾客进入店铺（性别和社会场景），他们在何处停留，在陈列处逗留的时长，将这些信息与是否最终购买联系起来。当人们将手机打开，和商家交换信息的时候，就可以获得更多帮助。正如一位营销专家说道："对我来说，店内分析不是追踪人群，而是帮助零售商对顾客的需要做出反应。"[14]

将轨迹暴露不是没有风险的，但是我们也应该记住：收集和分析轨迹数据的公司保护这些信息，防止落入不法之人手中的做法也是符合自身利益的。这些公司对此十分清楚。当然，好消息是在大多数案例之中，公司在收集数据的过程中，会注意保护用户的隐私，没有收集任何可以认定个人的信息。出售的零售信息分析技术的公司 Euclid 和 Moxie Retail 将自己的市场数据和零售商的市场数据整合，增加和丰富了场景信息。Euclid 隶属于一家制定移动位置信息分析规范的集团，这个规范获得了纽约州议会议员查尔斯·舒默（Charles Schumer）的支持，该规范要求公司在收集个人信息之前需获得允许，并且要向消费者推送退出的方式。联邦商务委员会（Federal Trade Commission）也支持"承认消费者对于在零售空间中被无形追踪的担忧，并且积极推进自我监管的行为规范"的措施。[15]

轨迹能够带来社会效益，而这些益处超出了营销和商业的范围。医生和护士的轨迹数据可以用来优化医院和护理中心的工作流程，减少患者等待时间，将医生和病人、护士和病人之间的互动最大化。轨迹分析的应用可以延展到分析机场旅客的活动。丹麦的研究者分析了从哥本哈根机场获得的数据，包括来自25个蓝牙基站的700万条信息，涉及74 000名用户。[16]例如，管理大型机场的时候，弄清楚旅客如何在不同区域活动（免税购物区、安检区、移民海关区、登机处、候机处等）是有帮助的。减少机场内活动拥挤和在重要地点的等待时间是移动手机轨迹分析的另外一种应用。执法部门一直都运用位置模式分析和法医心理学“分析”来判断谁可能是罪犯和他可能的去处。移动手机用户的轨迹数据加上社交媒体数据能够帮助警方预计哪里会有麻烦。加利福尼亚州的亨廷顿海滩警方将上述几种力量和社交媒体分析平台Geofeedia结合起来，找寻社会行为的模式，寻找比如“枪”或者“打架”之类词汇的使用。这些关键词意味着需要增加巡逻频次。[17]一个人可能总是在固定几个位置更新社交媒体，又或者这些在地理围栏之内的位置本身就包含一些词汇的历史，警方可以查看这组位置而不是这个人，这样既保护了个人隐私也维护了公共利益。

对企业的启示

视频分析、无线分析和Beacon等新技术的出现帮助公司优化了线下商铺体验和利润。我们的数据使得店铺更好地理解客流量，做出明智的商务决定，包括更改店内陈设，减少拥挤，选择易于发现的促销地点，促进顾客购买行为，等等。当商业组织计划使用基于轨迹的广告，就必须坚持并且赢得顾客的信任，观察更长的时间，但是需要避免得出以偏概全的结论。同样的技术在工作日表现优秀可能在周末就不灵了；同样的技术针对专注者表现优秀，可能在探索者身上就失效了。赢利点是存在的，而且比人们预计的要多，特别是将顾客满意度和终身价值考虑其中的时候。迈出这么大一步是有代价的，但是投资在丰富的场景信息之中也是值得的，因为这些信息能够更加可靠地预测行为，并带来更可观的收入。

对于企业的启示有以下几点。

- 智能手机是线下和数字渠道的黏合剂。消费者的网上浏览记录彻底改变了公司在线上定位用户的能力，与之类似，用户移动设备的轨迹数据将会改变实体店在线下定位消费者的能力。
- 基于轨迹的移动广告在工作日定位专注型购物者十分有效。在周末，相对于随机广告和基于位置的广告，基于轨迹的广告对于探索型购物者效力减弱。
- 基于轨迹的广告不仅能够提高即时购物体验效率，同时也能激励顾客改变未来的购物模式。

第十章

社会动态：与谁为伍

在周六中午的时候，大型购物中心的美食广场即将人满为患。假设你想要发送广告或者推送优惠信息给 100 个左右在吃午饭的人。你计划发送电子产品的打折促销信息，优惠券在购物中心关门的时候到期。你会锁定谁呢？或者，换个提法：你认为谁最有可能回应你的广告？

更加确切一点是：你的信息是锁定坐在小吃摊旁边的三个女大学生呢？是锁定年轻的母亲和她蹒跚学步的儿子呢？还是锁定那两个一会儿分享食物，一会儿握着手的笑脸盈盈的人（可能将近 30 岁）？又或者是那两位在聊天，但是似乎不是特别熟悉的穿着考究的中年男人？

人们常说，人多力量大。但是，人多就一定有价值吗？

对于零售商和品牌经理来说，社会团体是否会影响消费是一个有趣的问题。但是，在智能手机出现之后，根据用户在特定时间的位置以及他的同伴，商家有能力向他推送定制的广告，这个问题的相关性才被重视起来。如今，这个问题的答案对于广告成败是很关键的。当商业组织想要推送广告的时候，是锁定个人还是锁定群体中的个人比较好呢？如果我们真有黄金法则，应该有哪些期待呢？

如果锁定单独的个人和锁定在群体中的个人的结果差异巨大，那么现在这些问题已经变得有利可图，而不只是有意思了。探究答案就是值得投入的。

我在第四章中已经写过，最简单的答案当然是说“看情况”，然后说你还需要更多的信息。虽然“看情况”的说法没错，却回避了实证研究的发现，即在美食广场的人群对广告的反应的确有着显著的差异。本章提供了一些额外的重要指导。我们已经知道时间和位置很重要，一般情况下，某天聚集在美食广场的人形成了乐于倾听的听众，而且场景有可能很拥挤。

但是，最近的研究显示，我们身旁的朋友也可以改变我们的行为。这就是我们的社会场景。在特定时间的个人位置之外，我们的社会场景影响了我们与人互动的方式，无论是在一群朋友中还是和伴侣或者家人在一起。[1]而且，这些互动行为和我们自己一个人的时候是完全不同的。[2]

有研究发现，十来岁的孩子（该研究中定义为 8 ~ 12 岁）在购物的时候开始采纳朋友的建议，而不是家人的建议。[3]另外一项研究发现，人们在和朋友而不是家人一起购物的时候，花费更多。确切来说，和同辈人一起购物会增加购物冲动，而和家人一起购物，购买动力就会减少。[4]然而，当群体（同辈或者家人）黏性强，参与者容易受到社会影响的时候，这种差别更大。还有一项研究显示，和另外一个朋友一起购物时，男性花费不菲，女性却不一定。简单来说，研究者断言，相对于女性来讲，当男性和另外一位朋友一起购物的时候，比他自己一个人购物的时候花费多很多。[5]所有这些研究证实了一个假设：当人们和一群人一起而不是单独购物的时候，有一些行为偏好已经不知不觉落地生根了。

在陌生人中间购物会引发旅鼠效应。在一些场景之下，我们看见陌生人买东西就想要购物，甚至会买和别人一样的东西。一项研究观察了飞机乘客的购买行为，这些乘客可以使用机上娱乐系统购物。研究发现，如果乘客可以看到别人在买东西，每名乘客的平均购买数量会增加 30%。如果他们看见两名乘客在购物，购物概率就会上升 58%。更有意思的是，如果另外一名乘客买了食品，看见的乘客就比没看见的乘客买食品的概率高出 30%。看见别人买酒的乘客自己买酒的概率会上升 78%。[6]

前面已经讨论过，即使我们只是和一小拨人在一起或者一个人的时候，该区域内的人口密度也会带来不同结果。如果营销者想要衡量移动营销的效力，则了解个人即时环境的拥挤程度是很重要的。[7]第八章中讲过，我和同事发现顾客当前所在环境越拥挤，他们越有可能回应移动广告。

随着移动广告商尝试用正确的广告锁定正确的人群，这种实时、真实的社会团体动态能够进一步提升它们的能力。如果它们能更全面地理解在特定社会场景中消费者的偏好，就可以运用这些信息为他们提供更好的数字体验。家人和同辈能够给个人冲动消费施加影响的事实说明，针对不同的购物群体，应该采取不同的广告策略。[8]

有一种研究叫作人机互动，它是一种观察计算机改变人们行为的重要方式。不像咖啡杯或者螺丝刀，计算机和此后的智能手机是可以与人合作的。它们在与人的互动中学习。任何有智能手机的人都知道，有时候忘记调整通知设置，手机会在一天之中的不同时间打断我们。卡内基梅隆大学的人机交互学院研究了根据不同社会场景，人们是怎样应对智能手机的打扰的。研究者发现在现实生活中，当人们聚集在一起的时候，他们更有可能注意到智能手机上出其不意的干扰或者通知。[9]另外，心理学的学术文献显示群体的大小也很重要，而且小群体（即一对儿）和更大的群体相比（三人及以上）更有可能显示出质的差异。[10]在这些理论基础之上，我们预计在单身者、两个人、三个人和邻居群体之间可以看到明显的行为差异。

广告商的挑战在于实时获得这些社会场景的信息。如果消费者允许商家收集他们活动的数据，商家可以通过传统的地理位置数据找到他们。但是，只知道位置数据，商家无法了解这个人有没有人陪伴。通过调查的方式获得信息很困难，因为理想状况应该是实时且频繁地收集信息，而且信息是可以扩展的。它们需要掌控外部和二级数据来源，当然在很多场景下，这是可行的。

新的考量：社会动态对于移动购物的影响

我和李贝贝、刘思远想出了衡量社会团体动态对于移动广告效力的办法。[11]在早前的研究中（在第九章描述过），我们进行了一项大型的真实场景实验，展示了移动广告商将移动轨迹信息运用起来，就能够极大地提高移动广告的效力。[12]我们对于社会动态的跟进研究不只是利用了消费者在不同变量间的线下历史轨迹数据，而且也有消费者的线下社会场景，目的是推断出他们的喜好，寻找改进移动广告的方式。我们做了一个实验，在个人购物者活动模式和类似模式的基础上，根据个体的活动进行推断。然后，根据他们所在的团体大小不同（一个人，有一个人陪伴，或者有两个人陪伴），观察他们应对不同移动广告的方式。

了解社会场景的影响

这样的实验能够成功和有效地需要满足好几种因素，但是了解社会场景的影响总体要求是数据的量和类型足够充分。换句话说，我们需要找到一个容纳几千个所有年龄段和背景的人，他们可以在几百个店铺中选择购物。购物中心是理想的场所。所以在2015 年 4 月，我们和亚洲几大购物中心合作，从包括利用无线追踪的智能手机传感器的几大来源来收集数据。你可能还记得，该购物中心占地 130 万平方英尺，有超过 300 家店铺。工作日平均每天有 10 万名访客，周末和节假日有超过 20 万名访客。

每天追踪几千人的行踪提供了足够的数据，使我们得以探究购物模式的多样性。在 21 天之中，我们从 252 个商家收集了 52 500 份用户反馈。当消费者在购物中心的店铺闲逛的时候，我们将数据输入模式识别算法之中，去发现（自动和实时）消费者的社会场景（比如一个人，和另一个人一起，或者一共三个人，等等）。这些数据可以帮助我们推断个人对某个店铺或者某类产品的感兴趣程度。举个例子，在一家店待的时间变长、动作变慢就表示，比随便看看或者只看不买有着更强的兴趣。最后，当消费者离开购物中心的时候，我们做了一个简短的后续调查，问询了额外的个人信息（比如他们是一个人还是有人陪伴，是单身还是已婚，是和家人一起还是和朋友一起，家人和朋友的数量，等等）。将这些信息和从无线网络中获得的基于机器学习的数据结合，我们可以确定任何个人用户所处的社会团体动态。

为了决定锁定的目标，及其使用哪种类型的优惠券，我们试图找到轨迹相似的团体，但是同时和别的团体差异越大越好。这种方法在以前的实验中也使用过。[13]

我们想知道消费者是怎样回应感兴趣店铺推送的移动广告的。我们也想在社会场景的基础上研究移动锁定对此的影响。我们期望看到不同大小和性质的团体之间的明显差异。为了了解在社会场景基础上，人们对移动广告的反应，我们将每天的参与者分成四组，分别向他们发送适合的移动促销信息。以下是四组的分类。

- 单身组：单独购物的消费者。
- 两人组：结成一对购物的消费者。
- 三人组：三人一起购物的消费者。
- 共享位置组：不属于同一社会团体，但是和其他感兴趣的消费者同处一地的消费者。

为了控制店铺和产品引发的潜在偏见，我们在时尚、餐饮、超市等不同类别的252家商铺随机分配参与者。消费者通过短信的方式接收移动优惠券。优惠券的发送是基于位置、轨迹或者随机的。在特定的店铺内，我们也随机分配了优惠券的折扣（如九折、八折、七折或五折）。如果是同样的折扣，我们就随机发送优惠券的格式（如“打五折”或“买一送一”）。

获知消费者的社会场景值得吗

本章开头就对零售商、品牌经理和任何想要给手机用户推送广告的人提出了一个问题：知道某人的社会场景只是很有趣，还是很有价值?

我将在以下内容中解释几项研究结果，你会发现研究社会场景不仅是有价值的而且是必须的。我承认，在发现不同社会场景带来这么大的差异以后，也感到很吃惊，而且社会场景之间也是极为不同的。总之，我和同事一开始只是期待有几项差异，结果却发现了很多不同。

新的考量：团体组成的重要性

- 在团体之中的消费者回应移动广告的可能性是一个人时的两倍。在单独购物和在团体中购物（不论大小）的时候，消费者的反应总是不一样的。平均来说，有人陪伴的消费者是单独消费者移动广告回应率的1.97倍。
- 三人组比两人组表现更好。三人组消费者的移动广告回复率平均是两人组消费者的1.46倍。团体人数越多，广告的效果就越好。

- 两人组可能无视广告。两人组平均反应率最低。该发现显示当两个人在一起的时候，他们似乎对于移动广告有注意力匮乏症。或者可能的原因是，在一对一社交场景之中，经常查看手机是被视为无礼的。
- 发送消费者的朋友也可以使用的优惠券。当团体中只有成年人的时候，有社会意义的打折优惠券（如"买一送一"）比直接打折效果好（如"打五折"）。而且，有社会意义的打折优惠券对于有夫妇或者情侣的团体效果特别好，但是对于带着小孩的家庭的效果就减弱了。
- 寻找有钱的"单身汉"。相比身处社会团体之中，高收入的顾客在单独购物的时候更有可能回应移动广告。他们在接收移动广告时，对于实时社会场景更加敏感。如果你的目标是接触这群人，在他们单独购物的时候，运用基于轨迹的广告的机会最大。

在我们更深入探究这些研究结果之前，先看看就本章开头提到的聚集在美食广场的人们，我们是否能够得出一些结论。如果你还没有忘记，广场小吃摊旁边有三个女大学生，一位年轻的母亲和蹒跚学步的儿子，将近30岁的情侣，以及两位衣着考究的正在聊天的中年男子，但是他们看起来不是熟人。

用移动广告锁定女大学生最有可能获得成功，锁定陷入爱河的情侣成功率最低。这也适用于另外一对在纳什维尔遛狗的夫妇

（汤姆和瑞秋），虽然就他们的情形而言，可以进一步提出社会场景的研究问题：汤姆和瑞秋在遛狗的时候只是“二人组”吗，只是一起出去吃晚饭的时候才变成“一对儿”吗？如果星巴克（预计是他们的目的地）和小辣椒餐厅（晚餐餐厅众多选择之一）知道答案就好了。

整体来说，我们看到的是，消费者身处人群比独自一人的时候更有可能购物。但是，更加仔细分析数据就会发现细微的差异。高收入和年纪稍长的消费者在人数较多的团体（即“三人组”）中的购物可能性较低。高收入消费者喜欢单独购物。与女性消费者相比，男性消费者更有可能独自购物，他们和朋友以及孩子一起购物的可能性较低。收入水平的影响很有意思。事实上，与我们的通常发现恰恰相反，随着团体人数增加，高收入消费者回应的可能性反而下降了，想要让他们上钩是个挑战。

所以，用什么来解释效力越来越强且影响社会动态的移动促销信息呢？一个解释是：当基于轨迹的用户数据与实时社会动态结合时，其广告质量比相对简单的基于位置的广告以及尤其缺乏用户社会和团体场景的随机广告要高出很多。结合社会动态的广告更像是发自管家的个人化的亲密消息，而不是不请自来、不相关的广告。

新的考量：深入探究消费者的个性

下面，我将描绘一幅未来各大品牌如何驾驭这股力量的图景。当有人和朋友或者家人一起逛街购物的时候，这个团体中的成员性格一定不一样，有一些开朗外向，有一些更加内向。一个团体成员潜在性格相似性会加强还是减弱营销信息的效力呢？我和克里斯·弗曼、巴蒂亚·维森菲尔德的研究显示，数字化的口碑推荐的效力取决于创造内容的用户特点。

商业组织拥有观察个人用户建议移动促销信息的能力，这种能力提供了了解用户性格的绝佳机会，可以研究用户的特点是助力还是限制了这些建议信息的影响。研究发现，个性特点会影响个人行为，包括是否更愿意接受建议的产品和服务、[14]音乐喜好[15]或者消费者品牌偏好。[16]在数字场景之中，研究者[17]发现有特定性格的消费者，比如高度坦率或者神经大条，对于定位广告的反响更加热烈。

关于性格的研究催生了个性心理学的诞生，在社会科学领域已经有几十年的历史。该领域的大量研究者调查了个性构成，力图揭示性格的背后因素，于是形成了对性格特质的分类。最有影响力的性格特质类型有“五大”分类，在抽象的高层级为探索个人差别提供了有用的整体框架。[18]

五大潜在个性维度可以归纳如下。第一个维度是和蔼可亲，表示一个人对于他人是富于同情心且具有合作精神的。令人愉快的个性往往和利他、合作、信任、同理心以及顺从联系在一起。第二个维度是负责任，表示一个人行为有组织且考虑周全。有高度责任心的人通常驱动力强、深思熟虑、有条理、有恒心以及有自信。第三个维度是外向，表示一个人有陪伴就会备受鼓舞。外向性包括开朗、善于交际、有魄力和有寻求刺激的行为。第四个维度是感情幅度，描述的是一个人对于环境在情感上的敏感程度。一个人担忧的、压抑的、有自我意识的、享乐主义的倾向都包含在该维度之中。最后，第五个维度是开放性，表示一个人对于体验多样活动的开放程度。冒险精神、理解力、创造力和开明决定了愿意体验的开放程度。

虽然性格特质是了解线上消费者行为极有前景的方式，但是目前仍旧存在着妨碍利用性格特质的巨大挑战。这些挑战来自认定和测量潜在性格特质的固有困难。举个例子，传统衡量性格特质的方式需要参与者完成很长的问卷。所以，大规模地获取此信息的过程负担大，甚至是不可能的。

为了减少麻烦，我和帕纳约蒂斯·亚当莫布罗斯、薇尔玛·托德里最近发明了一种方法，可以自动从类似推特的社交媒体无结构的数据资源之中推断用户性格特质。[19]重要的是，其实研究方法很简单，可以在各行各业运用，而且计算成本很低。为用户建立准确度高的个人档案只需要从用户在社交媒体发表的内容中提取4 000字左右就可以了！[20]

而且，这仅仅是开始而已。我预计商业组织将在移动经济中运用类似的技术。随着深度学习和文本挖掘技术越来越精确，从用户社交媒体中获取性格特质的方式将更加准确和简单。

在不远的将来，我预计企业将从闭路录像中挖掘人们的微表情来推断性格特质。不断重复挖掘消费者的面部表情，假以时日，品牌就能够估计消费者的个性，至少能够估计当时消费者的情况。这不是科幻小说。零售商已经在监控摄像机中使用像 Emotient 这类公司的软件，用于观察消费者看到产品和离店的时候是否愉快。[21] Kairos 是另外一家开发分析面部表情软件的公司。该公司分析微笑、皱眉、气愤和吃惊来读取情绪——对于零售商来说，就是“确切的情绪读取”。[22] 随着时间的推移，商业组织从不断出现的用户身上获得更多的数据，就可以在一开始挖掘面部表情，推断实时情绪，进而分析长期的性格特质。

这一切都意味着什么呢？当企业用移动广告锁定用户的时候，除了用户所在团体的大小和组成，它们也可以将团体成员性格特质融入营销策略之中，提高广告效力。下一次汤姆和瑞秋和另外一个朋友或者亲戚购物的时候，营销者可以在推送广告的时候将三个人的性格考虑其中。

思考和启发

一切只是刚刚开始。抛开实验细节，我相信已经和同事展示了智能手机的广泛使用和“点击与滑动”生活方式的兴起，在不同层面都会重塑商业战略。现在，我们对于这些研究的重要性更加有自信，主要有以下几点原因。第一，研究揭示了貌似并不明显的购物行为差异，却能带来实实在在的经济影响。第二，研究展现了因果关系，商业组织可以顺藤摸瓜。第三，我们相信这项重要研究将深度事实的数据和社会科学结合起来，只是方兴未艾，管中窥豹。该研究是将消费者线下历史行为（“我们去过哪儿”）、地理位置（“我们在哪儿”）、经济行为和喜好结合的第一次尝试。

在决策过程中，去掉上述任何一个元素，消费者对于移动广告的回应率都会极大下降。也就是说，你本来有可能赢得21世纪的战役，却运用着过时且动力不足的20世纪的工具和思维。

毫无疑问，人们身边的人会影响他们的行为。追逐数据的竞赛日益激烈，各类组织以后不仅能够推断出我们是谁，还能知道我们和谁一起购物。这是企业尝试增加对我们的了解，以此创造价值的过程。对于消费者来说，拥抱这个新的现象，努力使之为己所用一定会从中获益。他们可以给商家授权获得数据，同时享受商家创造的价值。

对企业的启示

如果在设计移动营销策略的时候，商业组织和营销者不考虑实时社会场景，它们就会冒着进入死胡同的风险，而不是中大奖。为了改进消费者的数字体验和商业营销策略，运用移动设备和传感技术来数字化、衡量、理解和预测物理环境中的个人及团体动态蕴藏着巨大的价值。因为智能手机提供的数据，获取个人实时社会场景数据的难度降低。随着消费者合作意愿越来越高涨，甚至渴望分享自己实时的和历史的数据，以换取定制的广告和优质的客户服务，这种挑战难度将进一步降低。对于企业的主要启示如下。

- 为了全面发掘移动经济的潜力，商业组织将目标客户的实时社会动态纳入考虑至关重要。购物者独自或者与人一起购物的时候，个人行为差异显著。

- 如果购物者有人陪伴购物，弄清楚他们是情侣还是夫妇，是和朋友还是和家人一起很重要。如果他们和朋友或家人在一起，则要搞清楚有几个人。
- 当购物团体只包含成人的时候，具有社会性质的打折优惠券（如“买一送一”）比单独打折（如“打五折”）的效果好很多。这类优惠券在有情侣或者夫妇的团体中效果尤其好，但是针对带小孩的家庭的效果就差很多。
- 当用移动广告锁定用户的时候，除了知道购物团体的大小和人口构成，加入成员性格特质的考虑，将使营销活动效力大增。

第十一章

天气：创造完美风暴

1999 年，可口可乐公司实施了对消费者产品动态定价的最早实验之一。多年以来，动态定价在航空公司和酒店业是基本的体系。价格每天浮动，有时候每小时都在变，曾经订过机票和酒店的人应该很熟悉这种情况。我们也看见过在零售商店或者路边摊为了减少损失，采取处理水果、蔬菜这类易变质的产品之类的动态定价的做法。

但是，将动态定价用于消费品是未知领域。作为软饮料巨头，可口可乐公司试图引入温度感应售货机，随着温度上升，一罐或者一瓶汽水的价格随之上升。有一名业内的高管对此举提出批评，说："接下来呢？是不是会出现 X 射线机器扫描人们的口袋，看他们还剩几个硬币，然后调整价格呢？"[1]因为太多消费者认为这个举措与抢劫无异，可口可乐公司最终放弃了这个计划。[2]

然而，这些失败的案例并没有阻止它们尝试动态定价，或者采取更简单的可变定价。在2000年初，多伦多蓝鸟队是美国职业棒球大联盟队伍，该队当时进行了一项不同寻常的研究。该队的管理层想利用数据分析搞清楚球迷观看特定比赛的原因。根据棒球乃至体育界的至理名言，只有两件事情能保证球迷蜂拥至体育场：更多的赢球和更好的天气。

蓝鸟队的管理层认为更透彻的分析可以获得足够的线索，用于改进它们下个赛季的球票定价工作。这样管理层就能够解决任何售票组织面临的问题：怎样同时提高上座率和收入？

在那个时候，体育队伍、博物馆或者剧院都是事前定价。事前定价是基于一系列的因素，比如演出的质量（或者在体育界，对手是否强劲），或者粉丝因为天气、工作日时间或赛季是否愿意到场。蓝鸟队查看了过去几年主场比赛的数据，希望找到促使球迷看比赛的驱动因素。让它们吃惊的是，在调整了其他因素的影响之后，仍然发现相对于由于天气不佳球场穹顶关闭的时候，棒球场的穹顶打开的时候，上座率就明显高一些。[3]

根据传统，企业对天气的态度就是“想当然的”。天气嘛，没法控制，没法管理，任何结论也都是显而易见的。就像可口可乐的教训一样，利用天气的做法可能会事与愿违。

快进至2016年，动态定价在票务和消费业越来越普遍。几十支运动队和票务公司现在都根据实时情况调整价格——或好或坏，包括天气状况。[4]通常来说，在不利情况下（比赛对手实力稍弱、观众第二天有课、天气很差），你会采取激励措施。相反，如果天气温和，你则减少激励或者调高票价，因为人们更有可能出现在棒球场，而且心情不错。一项针对未成年人棒球联赛观众出勤率的研究显示，温度在华氏 65 度之内，每降低 1 度，球迷人数就减少 136 名，在华氏 90 度以上，每增加 1 度，球迷人数就减少 26 名。[5]65 ~ 90 度是让球迷体感最舒适的温度区间。这样的分析不仅提供了指导，而且证明了基于天气的营销决定是有据可循的。

但是，即使有严密的数学计算支持以上结论，它们还是看起来很显而易见，不是吗？未成年人棒球联赛出勤率的研究者承认，你不可能“蒙着眼睛，不看数据”就知道天气对上座率的影响。阳光明媚、气温宜人的时候，谁不想出门进行户外活动呢？

当然，设备使用受天气驱动的现实让人着迷。我们知道，人们在夏天看电视比较少的原因之一是他们更有可能外出行走。[6]一项基于美国和加拿大消费者数据的研究显示，相对于夏季午后，人们在冬季的下午使用平板设备更多。然而，在夏季，人们在傍晚和清晨的平板使用率比在冬天同样的时间段更多。[7]

我提出上述例子是想强调人们在制定营销或者广告策略的初始，考虑天气因素时可能带有偏见。乍一看，的确让人感觉任何关于天气的有用发现都是不言自明的，似乎不需要更详细的调查。

本章剩下部分将介绍一系列与世人想法相左的学术研究和商业成功案例。作为影响行为的主要因子，天气的价值其实并不显而易见。事实上，我们接下来探讨的就是：有时候天气其实是最重要的一股力量。

天气会影响心情吗

天气是无处不在的。科学文献告诉我们，天气可以极大地影响人们的行为、心情，以及短期、中期乃至长期的决策。一项研究发现，当心情变化的时候，天气在其中起了40%的作用。[8]在金融领域，也有关于天气影响个人行为的大量研究。2003 年，大卫·赫舒拉发（David Hirshleifer）和泰勒·沙姆韦（Tyler Shumway）的研究展示了阳光（他们将之视为心情的代名词）和股票收益之间的关系。[9]天气是地区性的，且高度变化。天气也是一个特殊元素，帮助我们理解并寻找为企业和客户定制双赢广告的方式：海量的数据！

新的考量：天气如何影响移动消费

为了让大家体会一下天气对于我们行为和选择的影响力，我将探讨天气最基本的形式：温度、阳光和降水。天普大学和复旦大学[10]的研究人员做了一项有创意的研究，观察天气和移动广告的效力是否有直接联系。该研究将 38 条不同且随机的短信发送给了 1 000 多万名手机用户。

研究者控制了地理位置的特点之后，将天气影响独立开来。实验的设计需要十分巧妙，因为天气影响和位置可能极为相关。在经纬度基础之上，可以预测天气的类型，因此任何研究人员都要将这种潜在偏见考虑其中。研究者发送的短信包含视频服务广告。早前就有研究者指出，心情糟糕的人对于预防性框架信息的反应更为积极，而心情愉快的人对于同样类型信息的反应却趋于冷淡。[11]基于这一思想，一组消费者收到的短信中包括预防性为重点的框架信息（“不要错失交易的机会”），这类信息主要吸引喜欢规避风险的人群。控制组收到的短信只包括基准促销信息，没有框架信息。移动促销信息发出的时间、位置和天气变量同时被记录在案，并且和上述广告框架结合在一起。

他们有什么发现呢?

- 把多云天气作为基准，在阳光明媚的时候，购买可能性上涨31%；在天气阴沉的时候，购买可能性下降9%。
- 在阳光灿烂的时候，从收到移动广告到购买的间隔速度高出41.93%；在阴雨连绵的时候，该速度慢49.87%。
- 在天气晴朗的时候，与无预防性框架广告相比，预防性框架移动广告的确效性较低，然而在阴雨天中却更加有效。这支持了天气影响心情的说法。就这点而言，通过合适的移动广告框架信息，商业组织可以从天气影响中极大获益。
- 研究结果适用于天气的不同测量方式，而且考虑了工作日、周末以及危险情形。

行为解释

我们再来思考一下主要的发现。研究发现了在好天气和坏天气之下，购物行为的明显矛盾。一般人们认为明媚、温暖的天气会吸引人们到实体零售店，而不是用移动设备在网上购物。研究者没有发现替代效应；事实上，天气越好，手机购物量反而越多。

那么，怎么解释这样的行为呢？

研究者断定，自然光照提供了带来短暂快乐不可或缺的营养素，而且总体来说，人们对光照的反应都是积极的，所以就更加愿意冒风险。人的心情越好，越愿意在移动设备上购物。由于移动设备是随身携带的，企业理应考虑当地天气情况，调整相应的促销信息。

最近，德国的一组研究人员发现位置、时间和天气相互作用，影响潜在客户在移动设备上的搜索行为。确切地说，他们展示了相对湿度消极影响用户使用优惠券的可能性，在夏天和春天那几个月尤其如此。这些意味着什么呢？

当浏览和选择基于位置的优惠券的时候，用户更喜欢温和的相对湿度。[12]大多数人都不愿意在湿漉漉、黏糊糊的天气出去购物，无论交易是多么划算、实惠。

基于这样的结果，脸书、谷歌和推特开始探索将天气数据融入广告策略的方式，也就不足为奇了。

即使更加细致地分析数据，我们仍旧应该避免得出以偏概全的结论。天气是地域性的，一国之内的人对天气的反应并不一样。根据移动广告网络 AdTheorent 的调查，纽约市的炎热天气可以引发更高的点击率，但是在美国西海岸，同样的气温却会起到相反的作用。[13]在设计和发送移动广告的时候，商业组织应该将这些差异考虑其中。

“天气是盟友”：各行业的应用

谷歌市场开发部前负责人，现任广告解决方案提供商 Polar 的总裁汤姆·叶年（Tom Jenen）曾经说过：“了解你的客户和他们在不同天气里的行为。天气是你可以利用并宣传产品实用性的因素之一。”[14]

在英国，时代啤酒厂（Stella Artois）的广告团队将天气称为“我们的盟友”。该公司开始使用定向户外广告，发现气温比当季平均温度高出 2 摄氏度（差不多华氏 40 度）以上的时候，苹果酒的销量明显上升。该公司查看了 12 年的官方天气数据，发现即时的天气条件，而不是季节性的或者季节平均状况，对销售有着极大的影响。[15]当对点心的需求上升的时候，就出现点心的广告。

一家快餐连锁店运用天气的方式很有创意，其目的是接触到实体店附近的移动用户。这家店希望在午餐时间推销热汤、三明治和沙拉。该店和代理伙伴合作，推出了基于当地天气状况的餐食移动广告。当气温低于华氏 60 度的时候，广告推广新鲜的汤类热选。如果气温高于华氏 60 度，广告则专注于该品牌的沙拉和三明治。在下雪或者下雨的时候，就主推汤。该广告促销活动超出客户基准 124%，激发高于平均值的点击率。也许最重要的是，在目标市场的可测量销售量得到了提升。[16]

为了展示产品的实用性，宝洁公司是另一家将广告和天气的联系放置在非常个人化水平上的公司。洗发水产品众多，宝洁想要在沃尔格林公司（Walgreen’s）内刺激销售，帮助它的主要零售合作伙伴，因为该伙伴的业绩不佳，另外，宝洁公司的潘婷头发护理系列也在丧失市场份额。生产厂家和零售链如何在锁定消费者的同时，展现产品的优势呢？宝洁把潘婷和天气联系在了一起。宝洁的思路是女人每天都要做出梳什么发型的决定，而天气预报（湿度、风力和温度）在其中扮演了重要角色。宝洁公司采取的重要措施就是创造了“头发预报”，这是目标用户（女性）可以在任何一天的任何时间打电话咨询的天气预报。预报视频播放当地天气影响发型的情况，然后推荐适合的潘婷产品。[17]宝洁和沃尔格林公司并没有推出任何新的产品，却通过这样的合作在两个月之内提升了10%的销售量，沃尔格林公司的所有头发护理产品的整体销售增加了4%。了解消费者在不同天气状况下怎样使用产品带来了显著的效果。

英国咖啡连锁店悦达咖（Costa）和天气频道合作，推销夏季饮品，在气温到达22摄氏度（华氏72度）的时候，在线推出针对性的广告活动。结果是首页的点击率达到1.15%，在苹果平板电脑上的点击率达到0.52%，移动横幅广告的点击率是2.72，陈列式广告的点击率是0.47。[18]

工艺品零售商迈克尔斯（Michaels）将气象公司的数据用于设计和定制针对当地的促销活动。该公司发现预报有雨的三天前是工艺品采购的高峰期。[19]

甚至可口可乐也在与时俱进。在10多年前第一次尝试动态定价之后，可口可乐公司再次推出了气温感应式售货机，这一次是在西班牙。但是，做法不太一样，气温一旦上升，新的售货机就随之将货品价格打折。在 25 摄氏度的时候，一罐汽水卖 2 欧元，但是当气温升至 30 摄氏度（华氏 86 度）以上的时候，就只卖 1 欧元。[20]

准确无误地预报消费品和服务的销售情况有着毋庸置疑的好处。但是上述涉及的消费并不高。酒精饮料的售价为 5 ~ 10 美元。即使再奢侈一点（比如球赛的包厢座位、餐厅吃饭的账单）费用估计也在 100 美元以下。当严酷的天气迫使优步公司引入自己的动态定价（峰时定价）的时候，增加的价格也并没有让任何用户破产。

当我们买汽车和房子这类耐用品的时候，天气是否也会对行为有着类似的影响呢？探究这个问题会很有意思。除了大学教育费用（至少在美国），买房子或买车是人们一辈子最大的消费支出。一般在购买前肯定要做大量的计划和功课，以抵消某天天气的影响。没有谁会在天气的基础上做出有深远影响的、价格不菲的决定，对不对？

错了。

新的考量：天气推动大宗商品销售

国家经济研究局（National Bureau of Economic Research）的一项研究发现，黑色汽车的销量对于气温和阳光都很敏感。如果气温上升华氏 20 度，黑色汽车的销量下降 2.1%。如果遇上万里无云的天气，相比在多云天气，黑色汽车的销量下降 5.6%。[21]研究人员同时发现天气越暖和，敞篷车的销量越高，直到达到当年最暖和的时间为止。到那时，气温再上升，敞篷车的吸引力就下降，但是如果在较冷月份中出现不寻常的温暖天气，敞篷车又变得很吸引人了。另外一个有意思的发现是，晴朗的天空和气温上升华氏 16 度刺激增加的敞篷车销量是一模一样的。气温也影响人们愿意掏多少钱购买带泳池的房子。在平均气温是华氏 80 度的月份的房子售价，比在平均气温是华氏 30 度高出 0. 65 个百分点。

新的考量：微天气是宝藏

重新考虑可口可乐的案例，其价格变动的数据来源是售货机。像可口可乐这么本地化还真挺难的。但是，如果广告商不能在每个角落布满天气 beacon，又怎么能马上获得像消费者面部表情这样的即时情况，进而设计针对性的广告呢？

当我们在智能手机上查询天气的时候，一般会输入城市名称，但是看到的往往是绵延几个州的地图。你可能会看到纽约市平均降雨概率是 40%，但是 90% 的概率只是早上下雨。你也会看到气温的预报，比如那天是华氏 75 度。与此同时，任何住在四季分明、气候变化活跃地方的人都知道，几英里的距离天气差别其实很大。在纽瓦克机场（位于新泽西，距离曼哈顿中城区往南大概 15 英里）和肯尼迪机场（位于皇后区）之间，气温差异明显。有时候差别甚至更加极端。2014 年 11 月，袭击纽约州布法罗的湖泊效应暴风雪造成了 5 英尺的积雪，但是向北几英里的地方却只有“仅仅几英寸”的积雪。[22]

商业组织如何实时获取这些差异的信息，并且加以利用呢？越来越普遍的做法是从气象公司（以前是气象频道）称之为微气候的数据中进一步挖掘信息。想象一下将美国按照 12 英里乘以 12 英里的方块划分为网络状。十几年前，俄勒冈大学的科学家就做过这样的事情，当时他们就与气象公司进行了合作。他们根据300 万个分离的“微气候”画了一幅美国地图，每个区域都有自己独一无二的实时天气档案。[23]例如，芝加哥市的面积是 230 平方英里，可以分为 160 个天气区域。只要是横穿过芝加哥，从屋顶或者摩天大楼的窗户俯瞰过，就知道哪怕是在芝加哥市内，天气差异也是很大的，出太阳或者下雪都要看具体的位置。

如果商业组织想要在白天某个时间点锁定芝加哥确切地点的某人，运用芝加哥市的天气预报（华氏 75 度，40% 降雨概率）是毫无意义的。特定地点的天气可能是华氏 65 度，全天无雨，不管“芝加哥”天气预报是怎样的。同一天的另外一个位置可能是华氏 81 度，全天下着让人讨厌的毛毛雨。知道这些信息可以帮助商业组织更好地决定锁定谁，以及用什么产品和激励措施。

气象公司的气象 FX 部门的维克拉姆·索玛雅（Vikram Somaya）告诉《华尔街日报》：“根据居住的城市或者所处的微天气，你和产品的关系是会变化的。”在同一篇文章中，该公司负责气象分析的副总裁保罗·沃尔什（Paul Walsh）说道：“过去商业和天气的范式是适应和避免。随着技术的发展，现在的范式是预测和利用。”[24]气象公司拥有超过 75 年的北美和其他区域气温、露点、云覆盖比例和其他现象的数据。

不管产品本身是否直接反映了天气状况，微气候应该考虑消费者的微定向。营销解决方案提供商气象解锁公司（Weather Unlocked）提供了一些广告操作的注意事项。[25]第一条听起来很直观：将产品和天气紧密结合，即天热、太阳大就推出防晒霜，下雪天就主打保暖外套。谈到冷天气，有一些研究发现了展现天气更为强大的场景力。天气凉，我们就更想寻求温暖和舒适，可能出于心理而不是生理需要。一项研究发现在潮湿阴冷的时候，浪漫喜剧票的销售就上升。在一定程度上，这可能是因为电影的内容，还有电影、音乐会或者聚餐都是集体活动，可以满足除了售卖保暖外套以外，对于温暖舒适的需求。同一份研究也发现，当人们置身于寒冷之中，他们就寻求“社会”活动，并且购买可以引发内心温暖感觉的商品，比如电影票、演出票，以及剧院或者餐厅订位等。

我在本书中一再强调，千万不要在移动广告因果关系方面得出以偏概全的结论。天气是个特殊的案例，因为我们对于一些“宏观”影响过于想当然，以致有一些商业组织缺乏动力去获得更精确的数据，了解天气是如何驱动个人决策过程的。有这种偏见，一部分原因可能是我们谁也无法逃避天气，我们将自我经验的逻辑当作普遍的真理。天气暖和可以改善心情，促使我们购买某类产品，下雨、阴冷天气的作用则恰恰相反。

虽然基于微气候的定向广告效力还没有在学术研究中被证实，上述所有的迹象都表明微气候可以是微定向广告的有力工具。

思考和启发

一组研究人员在一份关于天气在移动广告效力的报告中得出结论：“天气是远没有被利用好的环境场景变量。有时候，重要的事情不见得是最聪明和最有创意的，而是就在我们眼皮底下发生的自然的环境力量。”[26]

换句话说：现在有足够的证据证明，即时环境能够极大地影响我们的思维模式。天气是即时环境的重大要素之一，因为天气能够影响消费者行为，除了宏观经济变量以外，天气是最能准确预测购买模式的元素。

气象公司将美国分为300个微气候区域，每个区域都有自己的特征，在这其中实际上隐含了地理围栏的经验。不难想象，每一个区域也有自己的经济人口措施，包括交通流控制、商业聚集区、收入水平、教育水平、喜好和品味。

2017年以后的可用数据和分析能力超过了2003年蓝鸟棒球队或者1999年可口可乐公司当时的水平。我们无法改变天气，当天气预报不可靠的时候，还是会烦躁。不过，我们越来越能够预测天气对消费者行为的影响，以及我们对于移动广告的反应。

总之，天气影响消费者买什么、到哪儿去、穿什么、吃什么以及如何感受。在未来几年，消费者将看到越来越多、各行各业的公司巧妙应用微气候模式为我们实时定制广告。我鼓励消费者期待并且拥抱此次范式转变。

对企业的启示

天气能极大地影响消费者的行为、情绪和决策。天气能够影响他们对移动设备的使用。天气也能够影响消费者何时、在多大程度上对广告做出反应。研究显示，天气能够影响食物和饮料、衣服和时尚产品、旅游和酒店服务、休闲和娱乐、健康和美容、家政和园艺、能源、保险和很多其他产业的销售。[27]

- 历史上，天气和电视收视率（所以也包括对广告的影响）之间是负相关的。但是，天气和移动设备的使用是正相关的。天气好的时候（阳光灿烂，湿度低），通过智能手机的交易就增加；天气差的时候（阴天多云，湿度高），交易就减少。而且，天气宜人（糟糕）的时候，人们回应移动广告就更加迅速（缓慢）。
- 在天气明媚的日子，避免发送消极架构口气的话语（比如“不要错失机会”）；但是在下雨、下雪、起雾或者刮风暴的日子里，可以用类似的句子提高产品销量。[28]
- 将天气元素融入你的单一渠道的营销策略之中，加上电视、网络，以及其他如位置、场景和时间等力量，必将十分有意义。这些不仅对经常购买的不那么贵的商品适用，同样也适用于大宗商品。

第十二章

技术组合：破解沃纳梅克之谜

想象一下在19世纪夏季的一个工作日，商人约翰·沃纳梅克（John Wanamaker）在机场安检处排着长队。他就是提出那条著名营销谜题的人："我花在广告上的钱有一半都浪费掉了；可问题是我不知道浪费掉的是哪一半。"

沃纳梅克1922年去世。当时，初始电子媒体（收音机）还处于商业初期，电视也还没出现。若沃纳梅克还活着，他会在一个世纪之后的今天看到各种各样的人，不论男女老少，都一边过安检，一边在手中使用着各式各样的电子设备。他们摆弄着智能手机、平板电脑、电子阅读器、掌上游戏设备或是便携的DVD播放器。他们把各自形状尺寸不一的个人电脑从随身行李箱中拿出来，放到传送带上通过安检扫描。

这些设备的屏幕都能够让顾客接触到广告。就如我之前所说，对这一市场的投资正呈指数级增长。但是，沃纳梅克的谜题仍然十分切题。当广告商一共花费几百亿美元来把信息推送给潜在客户时，它们的投入效果如何呢？广告信息的传达效果和其对于顾客的实际影响之间存在着一层浓雾，而这层浓雾已经存在了百余年之久。

因此，我想讨论的最后一种力量（当然并不是最不重要的）是设备的混用和广告形式。我将这种混用称为“技术组合”。把这种技术组合想象为一种力量，它让商业活动能够追求全方位的营销。技术组合包含两个维度。第一，当代消费者使用多个设备（或者说多个屏幕），这种多设备持有行为就催生了设备之间的相关性，各个公司可以利用这种相关性将广告打入这些设备。第二，消费者会在去购买商品的途中，在不同时间点，通过不同渠道，接触到同一品牌不同形式的多个广告信息。这就产生了潜在的全方位协同作用。技术组合的这两个维度以特殊方式影响顾客行为，让其数字属性成为广告的圣杯。

接下来，我将对多屏幕行为进行讨论。

移动生态系统中各个设备之间的相关性

随着各种电子设备和电子屏幕走入每一位消费者的生活中，各个公司都在殚精竭虑地思考多设备世界正如何影响使用者的行为。网络零售商店现在也开始售卖平板电脑，于是就产生了一个额外的触点。电子商务公司可以通过这个触点与顾客进行互动。在这个方面，“移动”不一定意味着“智能手机”，它也可以指

“平板电脑”。在购买过程中，有些人首先会在台式电脑上进行搜索，然后在平板电脑上搜索，最终用智能手机购买产品。而另一些人则采用完全相反的顺序。他们可能首先会从智能手机搜索，然后通过台式电脑购买产品。举例如图 12－1 所示。

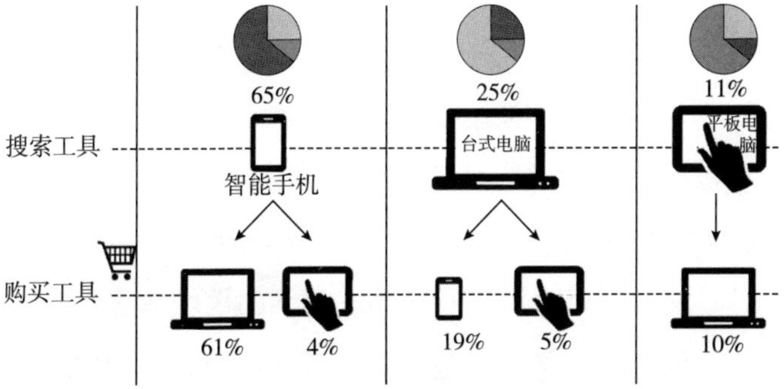

图 12－1　我们通过多种渠道购买在线商品和服务

资料来源：本图根据谷歌的一幅图改编。

2018 年，全球平板电脑的使用量预计将达到 14.3 亿。[1]许多经理正在思考的一个问题：这种多重屏幕是为了吸引眼球还是真的互补？最近，我和贾森·陈、韩相弼、许凯泉进行了一项研究，数据来自中国电商公司阿里巴巴，调查了平板电脑是否可以补充或者替代智能手机和个人电脑渠道。

新的考量：设备间的替代性与互补性

我们的研究结果表明，平板电脑可以成为个人电脑的替代品，但它对于智能手机渠道是一种补充。在用户开始使用 iPad 访问阿里巴巴之后，通过智能手机渠道的销售额增长了 55.6%，而通过个人电脑渠道的销售额下降了 14.5%。平板电脑的使用刺激了偶然性的浏览，引发更多通过智能手机的冲动购物，同时物品花样变多。通过桌面渠道的销售额确实有所下降，但是总体来说，收入有所增长；也就是说，这家电子商务零售商的净销售额增长了。

我们的发现与另一个分析美国易趣网数据的研究结果是一致的。[2]该研究发现，移动购物应用的推广（在智能手机和平板电脑上使用）与易趣网总购物量的直接和持续增长有关。数据还显示，移动应用程序上的购买是积累性购买；也就是说，在没有移动平台的情况下，这些购买行为不会发生在常规网络平台上。在易趣网采用移动端六个月之后，非移动端购买的平均数量实际上仍然与未采用前的比例一样，但是，由于通过移动应用增加了积累性购买，其总体购买量增加了一倍（平均）。

在我们对阿里巴巴的研究中，我们还研究了用户浏览行为的时间特性，以更加详尽地了解平板电脑的引入是如何影响现有的混合渠道，并且影响浏览行为的。

我们的分析显示，不同设备之间的相互关系的程度在一天中有所不同。从早上 7 点到 9 点，早上 5 点到晚上 9 点，引入平板电脑极大地增加了移动渠道的浏览频率。在通勤时间里，浏览份额增加表明了平板电脑的补充作用，这种作用通过刺激用户增加他们在智能手机上的浏览活动得以实现。在通勤时间过后的傍晚到晚上 11 点前，智能手机浏览份额减少，但是平板电脑的浏览份额稳步增长，这表明用户在家时倾向于使用平板电脑。移动浏览下降和平板电脑浏览上升同步发生，说明平板电脑用户可能会利用早前移动浏览会话的微小时刻来继续购物。有趣的是，我们也看到从午夜到凌晨3点，移动浏览份额的增加。这与在睡觉前移动设备使用增加的普遍观察一致。

消费者使用智能手机和平板电脑的方式也会随着季节的不同而有所改变。[3]周末使用智能手机和平板电脑之类设备的次数减少，夏天比冬天的影响更强。智能手机的降幅比平板电脑更为明显，夏季智能手机的使用量在周末比工作日下降了15%。整体使用频率下降，无论何种设备在任意一天的使用模式都是如此。在任意季节，设备的最大使用份额出现在傍晚时分，然后逐渐下降，清晨出现低值，然后在次日傍午和下午出现反弹。

一些消费者把移动设备作为第二屏幕，放在第一屏幕（如电脑或电视）旁边。当他们这样做时，第一屏幕的内容可以成为移动设备上的广告策略的场景因素。例如，在移动设备（即第二屏幕）上的广告可以针对第一屏幕的内容（如电视秀）或者与第一屏幕的广告同步。[4]这可以看作是连接观看现象的结果，消费者一边看电视节目，一边在智能手机或平板电脑上使用相同的内容。某些电视网已经积极带领观众体验第二屏幕（如通过Syfy Sync应用程序）。

伊娃媒体创新（Eywa Media Innovations）是一家总部在新加坡，进行数字信号处理的技术公司。它利用深度学习和语音识别技术，根据观众收看的电视节目内容，实时推送移动广告。试想一个人正在收看自己最爱的电视节目，在节目播放或休息期间有广告插入，手机上的伊娃传媒应用程序（EYWAMEDIA）可以识别电视广告或者节目的内容，实时给那个人发送同一个品牌的定向广告或者手机广告。这纯粹是基于个人的观看模式和偏好而定制的。[5]

随着这种跨屏幕定向广告在未来几年的数量增加，跨屏协同作用将会成为在手机上实现最终购买的主要驱动因素。

数字化属性

到目前为止，我所提供的数据和一些看法有利于市场进一步解决沃纳梅克谜题。它们可以更精确地衡量广告的有效性和投资回报率，因为来源于消费者的大量实时数据已经开始为解决这一谜题拨云驱雾。在现代移动生态系统的许多情况下，我们能够迅速得知与广告互动的人群，互动的时间、地点，以及他们最终是否和如何购买产品或服务的。尽管我们实现了紧密化联系，但在衡量广告效果方面仍有欠缺。

为什么对于公司来说，测量受众行为和广告效果是很重要的？因为除非公司能够量化这些指标，否则它们将很难做到广告预算的合理分配。爱德华·戴明（Edward Deming）的名言“你无法改善你不能衡量的东西”仍然是一个真理。

利用现有的衡量体系并不能说明每个广告接触点对销售的促进程度。“第一次点击”、“最后一次点击”和“等量”模型不能完全说明多渠道化对最终购买的影响，甚至会产生误导性的见解。“第一次点击”模型假设一切归功于消费者在购买过程中遇到的第一个广告。“最后一次点击”模型假设一切归功于消费者在购买过程中遇到的最后一个广告。“等量”模型假设消费者在购买过程中遇到的所有广告都发挥着同等的作用。显然，从根本上来说它们都存在缺陷。我们需要发展新的属性模型，从而研究在购买过程中每个具体接触点的影响基础上，促进广告收入的分配。

许多其他科学研究同样直面解决了数字属性问题，并得出了一些生动的见解。[6]从宏观层面来看，一个合理的数字属性框架应该普遍适用于多种行业及产品。通过让广告商在衡量广告是否达到主要营销目标的有效性基础之上，奖励它们的数字显示网络伙伴，这一框架能够促进以业绩为导向的广告。它还能使广告商对广告宣传进行实时分析，这一点在越来越倾向程序化营销的今天是十分关键的。最后，这种框架还能优化或精细化广告模式，比如展示创新策略的效果或者得出最佳广告显示间隔时长。

对公司来说，好消息是，学术界已经充分意识到这一问题的重要性。我们在文章中所建立的这种框架能够被品牌有效地利用，将暴露在不同的战术广告战略下的人群划分为不同子群，从而识别广告战略实际的因果效应。

新的考量：广告可见度

2016 年 12 月，薇尔玛·托德里和我发表了一篇论文，解决了在数字广告的背景下，属性难题的几个方面。我们提供了一套全新的统计模型，帮助从观测数据中得出因果推论。[7]这一模型是一系列数字属性开创性研究的一部分，或者说研究关注点在于找出哪些广告接触点对于消费者的购买行为作用最大——这一问题对于负责品牌宣传的广告经理十分关键。我们使用了一套个体层面的数据，其中包含几百万个数据点，不仅记录了哪些浏览者浏览过广告，还包括广告浏览时长。这些新数据帮助我们从大范围的消费者行为中捕捉到了数字广告的效果。平均55%的展示广告是不可见的——也就是说，它们在消费者屏幕区域上的停留时长不超过一秒。这使得我们不禁思索到底浪费了多少资金。

广告的这种不可见性可能存在多种原因。有一些是情境因素，例如，浏览器窗口大小、屏幕分辨率及屏幕方向都可能决定广告印象会否引起用户注意。其他可能的情况包括浏览者没有安装合适的插件，从而无法显示交互广告，或者浏览者使用了某类广告拦截软件——这样即使浏览器加载了广告，用户也无法看到。如果发行商把图片或另一个界面和广告排在一起，产生重叠，也会导致广告虽然曝光了，但无法被浏览，就像没有订阅《纽约时报》的人想看超出访问墙限制的更多文章，却发现广告的界面挡住了文章内容。

我们还发现，如果在购买漏斗较早期向消费者曝光展示型广告，他们与广告互动的可能性将提升28%。通过研究这些效应的动因我们发现，如果消费者在购买过程中早一点接触到广告，则广告的效应会放大四倍。

数字生态系统中的相互依存

现在，我们来谈谈消费者的跨渠道使用行为。人们总是想把个人电脑上的在线广告和平板电脑、“数码”或“在线”智能手机归结在一起，但是在本章中我们会发现，它们是完全不同的概念，它们都有各自的参与度、促使消费者最终购买和使用模式。营销者在考虑移动广告战略的时候，也需要谨慎行事，因为其中涉及其他的广告方式，可能会产生复杂的交互效应。那么可否通过将移动广告和网络广告结合起来提高移动广告的效应呢？

为了研究这个问题，我和朴成赫、韩相弼一起就一家数字产品零售商进行了大规模的真实考察。这家零售商曾经依赖于网络和移动广告宣传，是韩国业内最大的零售商，也是亚太地区三大零售商之一。我们随机抽取了这家公司的零售产品，持续六个星期观察这些产品的广告在电脑端和移动端的点击率和最终购买率。我们控制了这些数字产品的供货量，并且在电脑端和移动端都做了广告，人们可以通过两种渠道购买。可供我们分析的广告交易记录大约有 2 600 万条。

我们旨在弄明白网络和移动这两种平台各自产生的效应和它们之间的协同效应。随机现场实验涉及以下几种广告形式。

- 方案 1：只做网络广告。
- 方案 2：同时做网络和移动广告。
- 方案 3：只做移动广告。
- 方案 4：没有广告。

在后期，我们将颠倒使用渠道的顺序。

新的考量：网络广告和移动广告的协同作用

在点击率和转化率上都出现了具有说服力的结果。一开始，相对于只在网上刊登广告，加入移动广告之后，点击率与之前相比上升了34%。作为对比，相对于仅投放移动广告，之后再加入网络广告，点击率与之前相比上升了23%。单独来看，网络广告点击率更高，但针对商家广告资金分配方式的重要发现是，不管是用移动端补充网络还是反过来，对广告补充渠道的投资都能大幅提升点击率。

转化率也体现了不同的结果，初看这个结果可能会感到很惊讶。当我们加入移动广告时，网络广告转化率上升了36%。但是当我们加入网络广告时，移动广告的转化率反而下降了16%。乍一看，这就可能意味着，与单一移动网络相比，移动广告和网络广告的结合对于转化率有害而无利。然而，这只适用于我们孤立地看待这些渠道的情况。实际上，整体转化率强劲，而且给我们带来一个更有力的发现。我们发现，在第二种情况中移动广告转化率下降，是因为广告组合在网络上能达到更高的转化率。消费者通过网络和移动端浏览广告，但是比起智能手机，消费者更喜欢在个人电脑上进行实际交易。尽管移动设备日渐风靡，但还是有很多消费者更喜欢在电脑上完成交易！

这些数据让广告商可以开始寻找网络广告和移动广告预算的最佳分配方式，也让它们谨记使用两种广告渠道组合的效果优于使用单一渠道的效果。市场营销者应该避免形成渠道孤岛。网络广告和移动广告协同运作，以积极的方式相互影响。分配给一个渠道的预算必须考虑在另一个渠道上的协同效应。广告组合能更好地唤醒记忆，促进参与。简而言之，有点反直觉的是，各个公司不应该在为移动端惊叹时而忘记了网络。

新的考量：移动端转化率受何推动

有人提出移动设备转化率最低，他们忽视了移动设备在消费者做出购买决定过程中所起的作用。P. K. 坎南（P. K. Kannan）带领一个研究团队，使用欧洲零售数据进行调查研究。结果显示，与消费者从始至终使用同一设备购物相比，从智能手机换到个人电脑，平均来看，转化率几乎翻了一番。[8]移动渠道可能即时转化率很低，但是它的作用依旧重要，因为它能促进其他渠道的转化。

这项研究还带来了另外两个令人激动不已的见解，不仅仅是因为内容令人兴奋，还在于它们再一次表明，只要能够获得恰当的消费者数据，研究者就能够回答相关问题。

- 消费者对零售商的熟悉程度是否会影响移动端转化率？答案是肯定的。如果消费者对网络零售商越熟悉，那么设备更换产生的影响就越小。
- 反复浏览同一产品是否会影响移动端转化率？的确会。在这种情况下，设备更换会带来更高的转化率。在产品价格昂贵，消费者反复浏览产品的时间间隙较短的情况下，尤为如此。

移动端渠道和个人电脑端渠道的区别

无论是移动端还是个人电脑端渠道，在网络购物诞生的20年之后有几个观点似乎已日渐明晰。通过去除或减少距离的限制，降低搜索成本，网络帮助人们解决地理位置偏僻的问题。[9]

如果你需要视觉体验来感受现在网络让我们的生活变得有多好，你可以去看一些老电影。看看在1976年由罗伯特·雷德福（Robert Redford）饰演的鲍勃·伍德沃德（Bob Woodward）电影《总统班底》（*All the President's Men*）中的糟心生活。当他想知道白宫里有没有人从图书馆里查阅过某本书的时候，图书馆职员手里塞满了用橡皮筋捆着的纸质记录。桌子上有成千上万的个人记录，伍德沃德和伯恩斯坦（Bernstein）必须手动整理这些记录。随后在电影里，伍德沃德想要找到某个人的住址，并叫他回话。他的方法在当时是最可行的：去自己公司的图书馆，手动查阅美国所有地区的电话号码簿，直到找到名字。相对于40年前的这些当时的先进做法，我们已经取得了长足的发展，但是不应该想当然。

现在的问题是，在移动设备上搜索是否会让我们提高效率，或者说，使用智能手机实际上比用个人电脑搜索更不像“上网”。我和同事们进行了一项研究来检测这个结果，我们预期会有两个结果。我们认为智能手机的搜索成本要高于个人电脑。这种成本指的不是真金白银，而是评估搜索结果所需要的脑力劳动。我们也认为，与使用个人电脑相比，使用移动设备进行浏览的人员更在意特定商店的距离。

这里的含意远远超出技术层面，也就是，移动渠道确实不如个人电脑“像互联网”。我坚信（在我使用的各种数据集中也看到过），消费者使用移动设备购买的产品比普通互联网上的产品要多。区别之一在于，该产品是否为日常用品（经常有人买）而不是利基产品（一般不会买）。实际上，与易趣网进行数据合作的团队宣称“小屏的移动设备或许买日常商品更为容易，反而对特殊商品需要进行更为仔细的检查。”该团队的数据确实证实了这一点。

破解沃纳梅克谜题：新产业工具

这些见解确实对我们破解沃纳梅克谜题有进一步认识，因为我们可以前所未有地对广告工作的类型、监测参与和转换有更好的理解，一旦某个方法效果不佳，可以进行具体修正，目的在于实现真正的优化，而非采用理论或假设驱动的方法。

具体来说，如果一家零售商计划推出基于个人地理定位的移动广告活动，这本书的所有实验结果都会有助于确定圈住目标用户的围栏。在第五章中，我介绍过琳达，她正站在曼哈顿的街头，需要在开始新工作前买套服装。在给定半径范围内的任何零售商都有向琳达推送移动促销的机会，以及判断她是否会跟随推送采取行动。

但比起给琳达推送移动促销，还有更多方法可以与她建立连接。如果站在曼哈顿街角的琳达决定使用谷歌从搜索附近可买到自己满意衣服的商店，企业可以投资移动搜索引擎来提高自己的被发现率，随着搜索活动从个人电脑转向移动设备，这种方法变得越来越重要。

广告商经常抱怨说它们需要解决线上到线下的属性问题。数字营销不能让它们跟踪在实体店积累客流量的增长和线下转化率。例如，如果用户点击搜索引擎广告，然后某一刻决定走进商店，商店不知道（没有调查）用户在进入商店之前，先点击了它的搜索引擎广告。为了回应该问题，谷歌引入了另一个魔法棒。2014年，关键字广告商店访问工具（AdWords Store Visits Tool）让广告商追踪从搜索引擎上获得的到店客流增长量。据谷歌估计，自推出以来，该工具已经在全球范围内记录了超过10亿次的门店访问。该工具有很多备受瞩目的成功案例。通过使用该商店访问工具，汽车制造商日产（Nissan）发现，6%的移动广告点击会带来一个到经销商处的访问，带来了大约25倍的投资回报。[10]

2016年1月发布的四方网开发的属性工具（Attribution powered by Foursquare）是另一个帮助解决从线上到线下属性问题的工具。它从四方网中提取130万个用户数据。这些用户同意随时共享他们的位置，这样四方网就能随时知道他们进入的商店——即使他们没有打开应用。[11]它可以获取四方网上列出的100个国家的6 500万个场地的数据。星期五美式餐厅（TGI Fridays）、酿酒巨头百富门公司（Brown - Forman）、出版应用商红板报（Flipboard）和很多其他公司已经测试了该工具。

四方网想要探究如何最终将它与电视广告和属性联系起来。在超级碗（Super Bowl）比赛结束后的一周，四方网分析了 50 个赛事广告商的到店客流量。其假设是，研究覆盖的消费者观看了赛事广告，并把观看比赛这一周与前几周的到店客流量进行比较。红龙虾餐厅（Red Lobster）和塔可钟餐厅（Taco Bell）分别发现有 12% 和 10% 的客流量增长。在汽车行业，现代汽车的客流量增加了 5%。[12]据四方网的总裁史蒂文·罗森布拉特（Steven Rosenblatt）说，该网可日常提供这些数据，不需要广告商等待几周，而且该网有多年的位置数据，可以用来确定某个特定用户是否真的在某个位置。[13]

2016 年 4 月，优兔（YouTube）与甲骨文（Oracle）合作，利用观众所选视频前的 TrueView 视频广告来追踪消费性包装产品的店内销售情况。2016 年 6 月，脸书宣布推出离线转换 API 工具，该工具可以让零售商与包括 Square、IBM、Marketo 和 Lightspeed 在内的多家店内系统公司合作，跟踪店内客流量并衡量用户是否购买了最近在其数字领域宣传过的产品。[14]通过在移动广告中加入本地商店定位器，脸书也让广告商能够更准确地衡量广告系列对店内销售的影响，并提供新的功能和衡量指标。[15]

脸书现在向广告商提供免费的应用程序分析服务。[16]这使得应用程序分析和跨渠道属性划分变得容易获取。前提是人们在多个设备上使用脸书，所以如果网络和应用开发者使用这个平台，它们就可以通过多设备在整个购买漏斗期间来追踪消费者。假设一家企业有跨渠道的业务，它想要重新定位那些放弃在线购物的人，当他们正在路过一家竞争对手的店面时，给他们安卓手机的脸书应用上推送一个相关广告。或者说，一个音乐应用程序想要根据人们的程序内行为重新定位他们。这个新的工具在支持这类分析方面有很长的一段路要走。我们可以将它视为谷歌分析的移动版本，因为它将广泛的应用程序行为与基于脸书的广告相关联。这似乎是使用 Atlas（一种利用脸书 ID 进行跨渠道属性划分的广告服务器）的自然结果，并且允许广告商在非脸书的应用程序和网站上使用脸书的数据。

移动广告形式的重要性

技术组合或全方位并不仅限于硬件，我们呈现数字广告的方式也决定着其有效性。广告在创意方面仍然面临挑战。广告内容本身需要仔细地进行优化。移动广告传输渠道有很多其他的内容，人们通常关注较少。对于想为特定目标和目标受众设计广告系列的广告客户，在我撰写本书时，有几个选择：横幅广告，广告和网站内容同时出现；原生广告，广告出现在内容中；视频广告，广告在视频中出现（中卷）或之后出现（前卷）；插播式广告，即广告填满了整个屏幕。随着技术的进步，我十分期待新的广告形式能不断发展。随着广告商不断采用新的形式，将会需要更多测试。

哪个形式最有效果？哪些类型的广告应该在应用程序中，哪些应该在移动优化的网站上？此外，如果消息不是针对渠道的话，由于信息的冗余和低效，也会产生负面的协同效应。用户界面在移动端也很重要。根据谷歌的一项研究，广告商需要向消费者快速提供他们在移动端正找寻的东西：更快的加载速度、更大的按键、更容易的搜索、有限的滚动。

广告的形式和内容的丰富性也在影响客户参与度，并在购买的过程中发挥重要作用。[17]这些差异巨大到足以引起营销者的关注。广告效果的成功取决于形式和操作系统。广告平台 InMobi 显示，在安卓平台上，有关生活方式内容的横幅广告位拥有最高的转化率（2.02%）。在 iOS 系统上，横幅广告最适合分类内容(2.7%)。如果你想在移动设备上使用视频，比起移动网页(8.3%)，你可以在应用程序内获得更高的播放率（14%）。同样的模式也适用于可扩展的广告。间隙广告最适用于游戏。Amobee 公司是帮助广告商在拥挤的移动环境中导航的几家公司之一。其“开箱即用”的广告形式提供一种定制的、动画的介绍，它超越了标准的横幅尺寸，吸引了观众的注意力并鼓励他们参与。雷克萨斯（Lexus）、贝宝（PayPal）和红牛（Red Bull）等客户已经成功地利用了这类工具来进行移动营销活动。[18]

原生广告的巨大潜力

虽然有了这些举措，但毋庸置疑的是，仍然有许多消费者会直接跳过甚至完全屏蔽广告。电脑上突然弹出的广告以及横幅广告会影响我们的网络体验，让人感到不适。苹果 iOS 9 推出的广告拦截功能也正是为了解决消费者这一不愉快的上网体验问题。面对广告屏蔽软件的使用和消费者对过度广告的强烈反对，企业开始思考新的方法来规避这个问题。

在这个方面，原生广告模糊了广告和内容之间的界限，这被证明是一种非常有用的广告形式。[19]社论式广告就是原生广告最简单的形式。其他类似的例子还包括推特推广的推文，脸书推广的故事，以及汤博乐（Tumblr）推广的帖子。我们将会越来越多地看到出品方和广告商合作，一起出品原生广告。原生广告固有的优势在于它们利用了内容的场景。数据表明，原生广告在浏览和共享方面提高了用户参与度。原生广告的浏览数比横幅广告多出53%，事实上，32%的消费者表示他们会与朋友和家人分享原生广告，而仅有19%的人表示会分享横幅广告。原生广告的传播受众面十分惊人。在短短三天之内，喜力淡啤（Heineken Light）在脸书上的视频广告就触及54%的用户，即3 500万受众。[20]Coldwell Banker房地产有限责任公司和其他广告商正撤资展示类广告，转而投资原生广告。随着原生广告在许多网站上无缝融入用户的内容界面，这些公司的广告已经开始拥有比以往高出50%的点击率。[21]

监管机构担心，由于原生广告模仿同一媒介上无赞助的内容，可能会混淆视听，甚至当广告信息公布不完整或不适当时，会产生欺骗性。

一项新的研究消除了这种误解。在一个样本为200 000名消费者的大规模实验中，消费者对600多家餐馆进行了移动搜索。两位研究人员，纳韦达普·萨尼（Navdeep Sahni）和哈瑞克什·奈尔（Harikesh Nair）发现，广告在移动搜索中的透明度可以大大提高消费者对广告商品的评价。他们通过观察一个印度移动搜索平台 Zomato 来证明这一说法。Zomato 这个美食推荐平台为顾客提供可以搜索和浏览的餐厅列表及评价。实验将消费者随机分配至一个控制组和两个实验组。在控制组中没有任何广告出现，在实验组中，消费者会看到当地餐馆的广告。并且，两个实验组的消费者看到的是一样的广告，但是广告信息曝光的方式不同。第一组消费者没有被告知他们看到的是广告列表，而第二组消费者则被告知他们看到的是广告列表。

研究人员发现，仅公布一个广告列表就能让餐馆增加 77% 的电话访问量。并且消费者在常用搜索城市范围之外使用这一平台时，这种效果更加明显。在这些城市里，由于缺乏了解，消费者对餐馆的质量不太确定。他们对于有些餐馆原本就不太了解，比如那些过去获得较少评论的餐馆，在此情况下，这种效果也更加显著。重要的是，消费者和公司都能够从这种原生广告信息公布中获益。当这些列表被显示为广告时，消费者会选择评分更高的餐馆；同样的道理，信息曝光提升了转化率，广告商从中获益。总的来说，这项研究发现并没有证据可以表明原生广告欺骗用户并驱使他们接受广告。

目前，大多数原生广告都存在不足之处。但正如一位观察人士所言："如果广告能拥有《华尔街日报》或者网飞公司（Netflix）同样的能力、相关性和新闻诚信，它将令人赏心悦目，读者想看，也不会被屏蔽。”[22]

应用程序和移动网站间的选择

企业应该投资于移动应用程序还是移动网站，还是两者都投资？这是许多企业在实现移动化过程中经常面临的困境。众所周知，印度零售商 Myntra 曾大胆地尝试移动应用程序唯一化策略，但后来又在客户对双渠道业务的需求压力下恢复为应用程序和移动网站并存的方式。[23]

行业案例研究也发布了相互矛盾的报告。虽然 ComScore（全球性互联网信息服务提供商）得出了支持移动应用程序投资的报告。但是摩根士丹利（Morgan Stanly）却得出了支持投资移动网站的报告。摩根士丹利的报告声称，移动网站的受众量是应用程序的两倍，在过去三年中，前者的增速是后者的 1.2 倍，并预测大多数出版商会看到其大部分移动流量来自移动网站而并不是应用程序。[24]ComScore 最新的欧洲数据（2016 年 7 月）与弗雷斯特（Forrester）公司对美国消费者的调查结果（2015 年 8 月）相呼应，两者都显示，与通过移动应用程序消费相比，更多的用户选择移动网站渠道购买商品。[25]然而，科稻广告有限公司（Criteo）2015 年第四季度的研究发现，应用程序占其客户移动销售额的 54%，比占 46% 的移动网站份额高。[26]

如何解释这些反常现象？事实证明，科稻广告有限公司的数据是基于交易数量而不是单一用户数。这意味着，虽然更多的人倾向于使用移动网站浏览商品，但移动应用程序用户的购买力更大。该研究表明，移动应用程序的转化率高于移动网站，也高于桌面网络。

斯楠·阿拉尔和帕拉姆维尔·迪隆（Paramveer Dhillon）的研究探讨了企业是应该仅投资于移动应用程序或移动网站，还是同时对两者进行投资。[27]事实证明，移动应用程序和移动网站的同时存在对消费者行为有非常微妙的影响。以《纽约时报》的数字渠道（移动应用程序和桌面浏览器 + 移动网站）为例，研究人员发现，移动应用程序和移动网站互为替代品。这是由于人们通常在动态环境（如地铁车厢或车站）中通过移动设备消费内容，由于时间有限，所以这就增加了应用程序和浏览器的移动通道之间的转换成本，于是它们成了相互的替代品。相比之下，移动应用程序和桌面浏览器是互补的。这种互补性在于人们可以在移动应用程序上开始阅读文章（比如当他们处于一个繁忙的环境中），但最终在家或办公室这种更加轻松的环境中用桌面浏览器完成阅读。对于深度依赖移动应用程序的用户，这种互补性显著降低。平板电脑用户最终在不同渠道间跳跃。

那么，让我们回到最开始的问题上来：公司应该做什么？我认为答案仍然是那句老生常谈的话“这是一个复杂的问题。”但做法一定要从目标出发。

如果以衡量移动设备广告效果为目的，那么在移动应用程序和网站间做选择时必须考虑五种标准：用户参与度（移动应用程序更高）、属性划分舒适度（在移动应用程序中更容易实现）、关联定向（在移动网站中更容易也更准确）、创新能力（在移动应用程序中更有效）以及广告拦截器（移动网站的一大威胁）。[28]这一框架最早由 inMobi 公司提出。

移动应用程序的运用视你的应用程序使用情况而定。众所周知，在消费者下载的应用中，只有小部分会被使用。因此，让用户注意到应用程序并且下载，然后持续使用，对于绝大多数企业都是不可小觑的。特别是，只有一些品牌的忠实用户才会下载应用。但同时企业也要认识到，这些忠实用户也是最大的消费者群体。所以，应用程序使用量少的问题可以用更高的消费金额来弥补。

我还听过一个有利于移动网站的观点，那就是移动网站可以在谷歌搜索结果中出现。此话不假，但很快会站不住脚。未来影响移动应用界的最迷人的优势之一是移动应用间的深度链接。深度链接就是只要内容相关，对于指定业务，搜索引擎查询指令会打开应用，在应用程序中显示搜索结果。这样一来，用户不再需要先在谷歌或必应上搜索，再手动从浏览器返回应用程序；深度链接能够让用户在一个应用程序内浏览具体内容或获得体验，而无须面对苹果应用商店或谷歌在线应用商店平淡无奇的应用主页。谷歌、脸书、苹果、微软等科技巨头都在开发深度链接相关产品。

众多有趣的深度链接案例研究也开始出现，威尔·林德曼（Will Lindemann）描述了其中一些。[29]其中详述了食谱搜索引擎 Yummly 如何通过深度链接提高了 35% 的用户留存率。Yummly 通过深度链接使用户能从 Yummly 食谱进入杂货商 Instacart 的购物车，将食谱到原材料购买体验变得流畅。动态电子商务公司 Jet 于

2016 年 8 月被沃尔玛收购，该公司通过智能横幅广告中的深度链接让用户从优化移动网页直接进入移动应用，从而使日下载量增加了两倍，并使应用内转化率翻了一倍。林德曼还提到，为了鼓励用户分享视频内容，福克斯体育网（Fox Sports）利用深度链接使得所分享视频链接能够直接打开应用中的相应视频。在我看来，随着应用程序销售商发掘潜力，实现传统营销、网页内容以及现实世界的无缝链接，移动营销市场无疑将出现一些新的领域。

让我们回到移动应用程序的使用上，这是“技术组合”力量中的重要元素。企业能否影响客户花更多精力去使用应用程序？相对于单纯优化移动网站，应用程序的使用是否会增加销售额？

最近一项研究为这些问题提供了一些头绪。孙天舒（Tianshu Sun 音译）、史兰妃（Lanfei Shi 音译）、西瓦·维斯瓦纳坦（Siva Viswanathan）和爱莲娜·泽拉瓦（Elena Zheleva）通过 25 万美国消费者参与的随机现场实验，调查了公司如何鼓励消费者使用移动应用程序，并研究了移动应用程序的使用对于消费者购买行为的影响。[30]公司要鼓励消费者下载应用，有两种有效途径：一是告诉消费者应用程序的益处，二是通过现金奖励吸引消费者。研究人员发现，这两种方法都能够显著提高应用程序的下载量，前者提高 146%，后者提高 447%。

有意思的是，该团队还发现，由于针对消费者的鼓励策略不同，应用程序下载量的效果存在较大变化。虽然提供现金奖励增加了下载量，但从长期来看，这种下载行为却没有带来更多的购买行为。相反，告知应用程序的益处带来的下载行为却能持续增加购买行为，从而增加企业的总利润。

更有意思的是，该团队的研究还表明，在应用程序内浏览能够补充桌面电脑浏览。很多用户在移动应用程序上浏览，却在电脑上进行购买。回想我和同事与阿里巴巴的合作，谈及了跨设备属性的重要性。基于美国一家领先社会商务平台的数据，该团队的发现同样指出了跨设备行为和属性的重要性。

虽然中美两国存在明显的地理和文化差异，但两国用户行为的相似性很能说明问题。我一直坚持，当涉及移动设备时，世界各地的人们都基本相同。作为人类，基因使得我们拥有共同的思考和行为模式。

在 B2B 营销中，移动应用程序可以有效提供前景，并为消费者提供内部报告等有用工具，从而提高用户参与度。李·欧登（Lee Odden）在他的博文中给出了很多有趣的例子。[31]他谈到了 Fedex 旗下专为平板电脑和安卓智能手机提供视频和动态幻灯片等交互功能的移动杂志应用程序 Access。Power More 是戴尔公司的内容平台，为科技决策者提供最佳移动设备定制内容。3M 旗下 iPhone 和 iPad 专用的 Post-it Plus 应用程序使得经理人能够捕捉笔记中的图片，并与其他商务人士进行分享和合作。

最近，eMarketer 发表的一份报告清晰地描述了 B2B 移动销售商将如何使用自适应内容（根据消费者场景定制内容）为消费者的全渠道购买体验提供更大灵活性。[32]在我看来，内容营销和电子邮件营销虽然由来已久，但仍然是实现 B2B 未来最有效的两种策略。在充满不同设备、不同屏幕大小的移动营销界，我预测自适应内容将成为 B2B 营销者的有力手段，而移动端将因此发挥重要作用。

思考和启发

从短期和长期来看，琳达带来的收入能覆盖这些购置成本吗？又或者，一些公司就是奔着长期效益而去的吗？现在，企业已经能够通过开发稳健的模型来做决定。要解决沃纳梅克谜题，属性至关重要。菲尔·亨德里克斯（Phil Hendrix）通过建立因果关系，恰如其分地描述说，属性能够回答以下四个问题：哪类消费者对某一宣传方式最易做出回应？我们如何设计宣传行动来使效益最大化？性价比最高的宣传渠道是什么？从增量收入、客户忠实度及客户终身价值的角度来看，具体策略（客户 × 宣传行动 × 渠道）具备什么价值？[33]

总而言之，解开沃纳梅克谜题是广告行业的圣杯。如果消费者不断遭到无关的广告或普通的产品信息轰炸，是因为这些品牌对他们的爱好知之甚少。消费者可以通过和公司建立良好和谐的关系来减轻公司的痛苦，这样他们自己就能够享受个性化和有建设性的服务与内容。消费者可以帮助公司更好地为他们本身提供服务。

美国职业棒球大联盟的主管在确定正式选手名单的时候，会使用棒球数据统计分析法和“点球成金”的分析法，但是也不能够保证一定能在世界职业棒球比赛上拿奖，这种情况也适用于现在。但是，就像俗话说的那样：“纸上得来终觉浅，绝知此事要躬行。”竞争仍然存在，并且不断变化，质量仍然重要，而对于那些帮助定义喜爱度和忠诚度的无形资产，还需要进一步地研究。但是，如果你采用第二部分中讲到的九种力量策划广告活动、分配预算，你成功的概率可能会更大一些。

对企业的启示

开展实验，分析数据，利用你所具备的领域专长提取可行的想法。好消息是，随着可用数据越来越多、越来越丰富，营销商和广告商大可不用广告行业的“炼金术”——这种方法结合了逻辑、常识和经验，人们可以借此方法解读不同的数据，但它已经过时了——它们可以开始直接衡量广告的效应和差异。我建议企业考虑一下各种相关问题，并牢记以下几点。

- 网络广告和移动广告在促进参与度和销售方面协同运作，相互促进。
- 平板电脑弥补了智能手机的不足，代替了个人电脑。具体在什么设备上投放广告要看消费者使用哪种设备，处于购买漏斗的哪个阶段。
- 在不同产品类别下，不同广告形式的有效性也不一样，原生广告展现出了巨大的潜力。
- 考虑把手机应用程序和移动网站结合起来。不要采取“非此即彼”的单一策略。对于那些在 B2B 商务模式下的消费者，应用程序在适配性内容营销方面成效显著。

第三部分
新生代的技术力量

》点击 解密移动经济的未来版图 》

第十三章

我们和设备日趋紧密的关系

如今，移动技术创造的成就已经令人惊叹，但是通过运用第二部分讨论的九大力量，未来可能更让人兴奋不已。

然而，在展望未来之前，我们先来快速回顾一下历史，看看移动技术发展的速度和成果。在第一部分中，我们简要介绍了被称作西蒙的设备。西蒙是我们今天用的智能手机的前身，它在技术发展过程中起了非常重要的作用，使我们和通信设备联系得更加紧密。

30 年前，我们的通信设备是在我们附近。除了随身听和晶体管收音机，大多数设备都固定在某个地方，还配有显眼的开关装置，如我们挂断电话，按下开关键关掉电视，切断电脑和游戏机的电源。在 20 世纪 90 年代，我们开始随身携带设备。我们把手机、电脑、电视（看上去像 DVD 播放器）和游戏机带在身上，走到哪里带到哪里，第一次实现了每时每刻连接使用。如今，科技就在我们身上，那以后会发展成什么样子呢？

在本章接下来的几个部分中，我将谈到几种新兴技术，它们很快就会与移动生态系统相结合，从而扩大九大力量的影响。可以预见的是，未来还会出现一些新的力量，至少会产生新的例子来阐释现有的九大力量。所有的这些技术将催生受众与其紧密联系，从而从新资源中找到更有力的数据并加以利用，提供更好的服务。商业解决方案将在移动生态系统里繁荣发展，因为移动生态系统仍然是众多应用程序的中心，并为完善的商业和社会解决方案提供支持。这份新兴技术的名单并不包含所有方面，仅供参考。

一些最主要的科技进步是通过穿戴式科技实现的，这些科技产品利用消费者生物计量、神经学和心理学方面的身体状态的数据，创造出一种新型力量。人工智能技术将可能利用消费者的情感，而在这个过程中产生的数据会带来新的广告解决方案。即时通信技术和应用程序也将继续发展，这些先进的生态系统可用的数据量将达到前所未有的程度，因为消费者在这些平台上花了大量的时间，分享了自己更私密的信息。消费者物联网也将如此，通过利用消费者现实环境中的数据，将效率提高到新的高度。最后，技术搭建了桥梁，把线下和线上两个世界结合起来，这将增强消费者的体验，创造一个无缝对接的综合型新世界。

哪些国家将独占鳌头呢？关于移动和面向消费者的技术创新，我一直认为，中国和韩国就像是水晶球，透过这两个国家能够预测美国和其他发达国家的未来。这些年来，我们总是听说，所有的重大技术创新都发生在美国硅谷，中国和其他国家只是仿效跟风。但是，在移动领域，情况却恰恰相反。中国已经走在创新前列，美国经常是跟在后面。观察员卡门·张（Carmen Chang）是恩颐投资公司（New Enterprise Associates）的合伙人，她和我的观点很相似："中国以前发展了很多创新型的商业模式，这些模式产生于一种完全不同的经济体。不管我们今天的硅谷承认与否，它都影响了我们和我们的思维。"[1]乔治·伊普（George Yip）和布鲁斯·麦克恩（Bruce McKern）在他们的《中国的下一个创新机遇》（*China's Next Strategic Advantage*）一书中很好地阐释了中国是如何走到技术创新前列的。[2]

第十四章

新生代技术

可穿戴技术

移动设备让我们无处不在连接之中，而可穿戴技术使无缝连接成为可能。消费者不再需要从兜中掏出手机接打电话、切换音乐、找商店或导航。他们无时无刻不在连接之中，双手也被解放了，尤其是将可穿戴技术和先进语音识别科技结合时更是如此。但更重要的是，这一技术使消费者与自己的身体更加同步。

如今，消费者使用可穿戴技术记录热量消耗、心率和步数，也会将移动设备与其他设备相连，进行数据同步。健身应用程序学习我们的习惯并精准记录我们的线下生活轨迹，其中积累的大量数据可使信息传播比以往更加定制化，也对我们比以往更有帮助。很多消费者基本上已经开始全天候监测自己的生物识别信息。

只要当人们对收集个人信息并在信息库中进行分析不再反感，那么各商业组织就可以通过消费者的身体和心理特征，理解广告反馈率和有效性。

随着在数据收集上取得的这些进步，我预见一个新的技术力量将会出现。

生理、生物识别和神经学是这一力量的主要组成部分。可穿戴设备收集的实时生理和情感数据将通过智能手机传输到可溯地址电视上，因此人们看到的广告也将被定制化。相反，各商业组织可以量化广告对消费者产生的生理或神经学影响，使好广告和差广告更多了一层新的含义。多么精彩的未来！

健康和养生产业是最相关的市场，新一代的设备和应用利用其贴身特性监测人们的心率和其他生物指标。这些数据不仅用于跟踪训练进展，同时可帮助预测潜在健康问题，如哮喘或心脏病，否则这些病症也许不会被及时发现。

李贝贝，郭西桐，党媛媛（音译）和我已经对可穿戴技术如何影响消费者的医疗和健康进行了研究。2016 年，我们进行了几组随机可控实验，其中随机选取一组用户并为其提供可穿戴设备，该组用户分享了他们的可穿戴应用收集的数据。[1]在我们的研究中，医疗提供商向用户发送信息，提醒他们及时分享数据。但是，信息的呈现方式不同，一组用户收到一般性的健康保健信息，另一组用户收到根据个人数据定制的个性化保健信息。我们随后观察用户是否采用可穿戴设备，并且与其短期和长期健康情况进行对比。短期健康数据包括血糖、静态心率和血压。长期健康数据包括找医生和去医院的次数。

研究发现，采用可穿戴设备的用户在生活方式上发生了改变，最终健康情况也更好（较低的血糖和血压，从长期来看，寻医看病的次数更少）。由于参与者是随机选取的，所以不用担心我们会特意选取健身爱好者或对自己健康程度十分关注的人。大家可以想象，这一发现是十分鼓舞人心的。如果应用可穿戴设备让消费者改变生活方式并提高健康水平，那么这一移动消费者技术可能会成为游戏规则的改变者。

在此背景下，告诉一个健身爱好者有一个跑鞋特卖会或提供一些新的健身技巧就显得黯然无力了。幸运的是，零售商开始意识到这一巨大的商机，并开始探索。拉尔夫·劳伦（Ralph Lauren）、汤米·希尔费格（Tommy Hilfiger）和安德玛（Under Armour）已经开始在运动衣上植入芯片，帮助运动者进行身体评估，并给出提升运动表现的建议，也可能提供早期医疗诊断。运动服上可能会配有对步伐或呼吸给出建议的芯片。三星、谷歌、OMSignal、Sensoria、Hexo Skin 等公司已经和其他品牌开始合作，并在此领域进行投资。[2]

但是，每个机遇的背后都会有挑战。可穿戴设备的小型化屏幕更需要集中注意力，因此营销者将会面临一系列设计挑战。如果在手机屏幕上检索信息已经要比在电脑上花费更大精力，那么将视野缩小到一个表盘或眼镜片上，难度无疑更大。显然，更小的屏幕对突出显示提出了要求。营销者必须为适应小显示屏而定制程序和即时通信系统，进而利用这些新媒体形式和连接性机遇。

商家已经重新设计广告以适应更小的屏幕，它们明白，用户或智能设备佩戴者只能抽出智能手表提示音或滑动显示屏的刹那时间给它们。在如此有限的空间和时间内，你如何才能使这些信息看起来不突兀但又具有信息性呢？如今，人们快速浏览信息，也只是通过点击或滑动屏幕完成交互，在这种背景下，你如何通过一个应用让人们注意到你，并进行互动？广告商将不得不面对这个挑战，另外，只要我们“穿戴”的屏幕是小的，这种挑战就一直存在。

其中一个办法就是充分挖掘应用程序，去创造或主导使用场合，这样用户就会经常想到某个产品或公司。应用程序提供商越是能在更多的场合中获得主动权，或保持垄断地位，它们对用户或智能设备穿戴者的影响就越大。喜来登酒店家族应用程序（在手机或腕表上均可使用）不仅可以使用户或智能设备穿戴者通过它应用预订、确认房间或支付房费，还能让他们解锁房门。此应用在宾客入住期间保持后台运行，因此酒店可以向他们推送附近商家或酒店大堂的折扣信息。酒店会更新楼下餐厅每天早晨的菜单，同时也会提供打折券和其他奖励措施，鼓励宾客继续选择该酒店。整个体验只需通过应用程序就变得更加人性化，甚至不用伸手掏出设备。随着可穿戴设备应用变得像是一个管家，广告本身也就更像是一种服务而非让人生厌之事。

人工智能

还记得我们讲拥挤和逃避拥挤的那一章吗？该力量中的一个

重要的元素就是促使我们逃避拥挤的情感。但实际上情感是嵌在拥挤场景之中的，在接下来的几年中，公司能利用我们情感的场合也将增加。因此，“情感”作为一种力量有其发声的权力。营销者是否能实时利用我们的情感，进而服务于消费者管理并提供优惠信息呢？我可以十分肯定地回答：是。基于人工智能的生态系统令人欣喜，它正向我们走来，将实时生物识别数据和面部表情数据同现有行为数据结合在一起。

在未来，移动设备弹出的广告将根据用户当前情感和生理状态而定制。这就需要我们利用可穿戴设备传输生物识别数据的功能，并将其与从实时画面中提取的情感结合在一起。

Affectiva 是麻省理工学院媒体实验室的分支机构，该公司开发的技术能够通过分析细微面部变化识别人类的情感。读取面部表情并就此实时分辨情感状态的市场意义是巨大的。难道根据智能手机或平板的摄像头捕捉消费者的实时情绪，进而定制广告和提供优惠信息不是件了不起的事情吗？我认为这将成为一股改变移动经济的重要力量。Affectiva 的表情识别技术已经在一个冥想应用和视频聊天应用中用于市场营销了。[3] 另外，Affectiva 的情感智能系统已经被独立电子游戏工作室以及大公司所属品牌或广告团队采用，如联合利华（Unilever）、家乐氏（Kellogg's）、玛氏公司（Mars）和哥伦比亚广播公司（CBS）。[4] Emotient 是此领域中的另一家初创公司，其设计的软件借助“微表情”（发生在几分之一秒内）数据库识别情感变化。Emotient 已经同本田公司（Honda）和宝洁公司（Procter & Gamble）合作，在顾客使用产品时捕捉他们细微的情感变化。[5]

我们直播或者浏览的内容及相应的反应将以组合形式被计入一个算法中，过滤掉潜在的无价值的广告，留下最合适、最有帮助的广告。本质上讲，我们的头脑和身体将成为个人的广告拦截器。为此，那些自动接受这一技术的人可能就要相应放弃一些隐私了。

在此领域，语音识别软件将推动相关领域的进步。这对有些人来说显得冒犯，但是却反映出在保持使用隐私和将数据当作货币之间的平衡，能使我们的生活更容易、更高效。识别语音的设备和应用程序变得越来越普遍，比如智能手机上的 Siri 和谷歌语音服务，以及家中的亚马逊 Echo 智能音箱和三星智能电视。苹果公司计划将 Siri 语音服务开放至外部应用开发者，这显然会为未来此领域的发展定调。像 Siri、谷歌的 Google Now 以及微软小娜（Cortana）这样的虚拟助手将会学习如何从我们在家中的行为捕捉场景线索，进而预测用户需求，甚至在我们意识到相关需求之前就发送本地信息。三星已经做了大量工作，收集并传输那些不相关的对话用于编程，并将这些对话发送给合作伙伴和公司，通过第三方识别相关信息。正如在其智能电视服务条款中所述："三星设备可能会捕捉您的声音指令及相关文本内容，从而我们可以向您提供语音识别服务，并评估、优化相关性能。"[6]希望使用这些服务的人必须愿意放弃一些隐私。随着语音识别成为主流并变得越来越强大，我完全期待并鼓励营销者向此领域进军。

当这些设备能够积极管理我们的预约安排、生成购物清单、通过情绪预判安排娱乐活动甚至提供专家级的建议时，我们行为的可预测性将使生活更容易。如果最后一点听起来有点牵强，那我们不如看看 2016 年冬季在佐治亚理工学院里发生的故事。吉尔·沃森（Jill Watson）是一名在线课程的助教，他热心帮助他人同时受人爱戴，但是，当学生们发现他不是一个 20 多岁的毕业生，而是一个机器人时都大吃一惊。[7]

从逻辑上来讲，所有这些看起来都像是即将“嵌入”我们身体的设备先导。这也代表了技术的进步进程，从在我们身边，到跟我们随行，到在我们身上，再到“嵌入”我们的身体。

即时通信和应用程序竞争

毫无疑问地，每个人都会认为应用程序经济已经对我们生活中所有有意义的部分产生了深远影响。在第二章中，我描绘了一个普通人的一天，其中每一个场景的描述都可以由移动设备应用来驱动。

消费者目前要处理的问题就是应用程序太多了。人们通常只使用一小部分应用，其中社交媒体和即时通信应用显然占了大头。相关数据足以证明这一点。[8]中国 2/3 的消费者使用微信处理生活中的一切事物，从网购和网络电话到预约、支付、安排日程，再到叫出租车，包罗万象。[9]世界上数亿的用户使得即时通信应用在移动生态系统中涨势最猛。欧洲人使用 WhatsApp，因为短信服务不免费；美国的 SnapChat 则承诺保护用户隐私。其他的即时通信应用还有 LINE（日本和东南亚）、Kakao Talk（韩国）及国际上的其他竞争者，如 Tango、Kik 和 Viber。[10]

很多通信平台似乎正在演变成为独立的社交网络，当然，它们仍会保留亲密交流群的功能。这使得营销者有机会提供更为个性化的优惠信息、更为定制化的推送服务，同时也会进一步增加效率，因此深受营销者的喜爱——它们希望同时切入这些繁荣发展的社会群体和个人。

随着这些平台不断变革，消费者将会在这些生态系统上花费的时间越来越多，催生出丰富的信息轨迹，使个性化广告服务达到前所未有的高度成为可能。西方世界正在向远东学习。脸书现在似乎将自己打造成西方的微信。[11]正如一位观察者所述："对于像脸书的飞书信这样的通信应用而言，明白其发展路线图的最好方法就是向微信取经。"[12]中国在创新领域处于领先地位的例子还有很多。SnapChat 和 Kik 现在使用的建立人际联系、分享信息的二维码技术，正是由支付宝和微信率先使用的。

几年前，微信允许第三方零售商和个体户在应用内创建小程序并建立个人电商商店。例如，有微信公众号的商家可以直接在应用内部售卖商品，用户不用打开新的应用界面。[13]我期待美国也会有类似的发展。我们已经发现，脸书的新销售界面也正在尝试类似功能。微信最近增添了新功能，可以使用户通过搜索名称或扫描二维码在微信内部打开小程序，而用户不必再下载或安装这些小程序，这节省了手机宝贵的存储空间。[14]我期待其他西方公司也跟进。

WhatsApp 和脸书的飞书信是世界上最大的两个即时通信应用，

它们允许品牌商直接和消费者对话。这两个应用都已经成为消费者兴趣和习惯的数据集散中心。荷兰皇家航空（KLM）和伏特加酒生产商绝对伏特加（Absolut）都已经开始与潜在消费者建立联系，通过创新、有趣的方式向他们推送活动信息并展开互动。这让消费者能够获取专属的产品发布信息，而且他们表现出获得了前所未有的积极反应。优步与脸书的飞书信整合后可以使用户通过应用叫车，这又是此进程的一个生动体现。

Everlane（电商）、Zulily（电商）和凯悦集团（Hyatt）通过应用程序提供客户服务，将移动即时通信服务提升到了新高度。[15]对客户服务的关注催生了“语音机器人”。“语音机器人”是内嵌的人工智能程序，能够同用户进行对话，并提供相关服务以解决问题。这就使通信服务更加有效、更加定制化以及更加娱乐化，这也能更长时间地保持与消费者之间的互动。[16]营销者已经开始使用语音机器人以个性化和互动的方式更好地服务消费者。近期的一项调查显示，15%的健康领域应用用户以及17%的零售应用用户正通过聊天应用和语音机器人与服务公司进行互动。[17]这些应用的持续演变似乎是不可避免的趋势，其功能会不断增加，这些平台也会聚集所有形式的社会商业模式，而非仅仅是通信或聊天的渠道。当然，自动语音机器人是否会真正增强客户满意度还有待考证。这让我想起了自动电话菜单，它有时还不如让用户按几个数字来得舒服。

总之，即时通信应用将通过培养依赖型客户，利用平台产生的亲密交互及其提供的高度个性化和定制化的体验，来刷新移动广告业的新高度。

消费物联网：智能家居与互联汽车

消费者把大量的时间花在家里和车里。当他们的住所、车与移动设备以及线上世界无缝连接起来后，新的机会就出现了。企业可以利用智能家居帮助消费者解决一些日常的问题来拉近自己与消费者之间的距离。与此同时，它们也通过让我们生活更加高效、便捷来获益。当消费物联网生成大量数据，连接起线上和线下两个世界，我们的住所就变成了一个能够收集和传输数据的据点，一个用于观察的平台，以及一个我们可以操纵和使用的设备。在消费物联网的帮助下，个性化营销能够实现质的飞跃，为人们提供真正有价值的东西。

亚马逊、谷歌、苹果和微软都把住所看作提供服务而非推销硬件设施的“战场”。[18]

在一个智能的家里，消费者可以使用亚马逊 Echo 来协助与孩子玩耍，获得详细的做菜步骤，或者简单地放一首歌。苹果也在开发一款新设备，这款设备配有扬声器和麦克风，人们可以用它来放音乐、读新闻或者定时。[19]时间久了，我们的家居、机器人以及通信设备就能够了解我们的习惯、偏好以及倾向。海量的数据总能够让消费者变得更容易预测，无论消费者想要显得多么难以捉摸。这些数据能够帮我们简化处理许多看似特别、实则常规的情景。想象一下，你的孩子在家里的智能设备上已经输入了足够的问询词条，设备可以推断买什么生日礼物最好。你的设备连接了移动设备数据，可以在线查询商品并进行比价，推荐购物清单，甚至能够通过家庭日历推算出这份礼物应该寄到家里、办公室里还是其他的地方。在你点了同意之后，它就能下单、付款并安排寄送。一份礼物是由机器为你挑选的，它是否会因此贬值？这个问题我无法回答。我只能说，有些人可能会喜欢这种高效的方式，因为省下来的时间能够用来与孩子共度一段更有质量的时光，而有些人则更喜欢比较传统的方式。

消费者会买账吗？智能家居带来的个性化服务能压倒人们对隐私的担忧吗？我相信答案是肯定的。我承认并不完全知道这种个性化服务究竟是什么样的，但依照过去的经验，这样的潮流终将到来。唐纳·霍夫曼（Donna Hoffman）和汤姆·诺瓦克（Tom Novak）在一篇关于未来智能家居和消费物联网[20]的杰出文章当中这样写道：

> “我们相信，智能家居的一些特性很可能胜过对于隐私的担忧。这些特性能够让我们了解到，哪些东西是消费者足够看重、愿意放弃一些隐私来获得的。也就是说，我们相信人们家里的‘额外价值’会超过他们对隐私保护的担忧。虽然很难猜测，但我们认为个性化服务是这些特征中的一个。我们相信，随着智能家居不断重复塑造人们的习惯，并且对居住者有越来越多的了解，个性化带来的好处极有可能胜过对隐私的担忧。”

正如许多其他极具开创性的技术一样，消费物联网也基本能够解决一些日常性枯燥任务的低效问题，比如通勤。开车上下班可以说是一种时间的浪费。即使是一个最优秀的司机，在一辆十分现代并装有 Wi－Fi 的车上，手边就有智能手机，他也无法使用设备。开车上下班到底花了我们多少时间呢？科尔尼管理咨询公司（A. T. Kearney）预计，在 2030 年，自动驾驶汽车能够释放出 1.9 万亿分钟的空闲时间。当这一天到来时，每位消费者每天会多出几小时的时间，营销人员也会有更多的机会来争取消费者的关注。当然，这也不是自动驾驶汽车唯一的优点，通常被称赞的事故数量的总体下降才是这一技术最大的福利。

把汽车与我们的个人移动设备及可穿戴设备连接起来，能够大大提高我们的生活质量。福特正在考虑利用收集到的生物数据信息来提高驾驶的安全性。[21] 智能设备也可以通过分析睡眠模式、酒类购买以及其他类型的信息来提供推荐信息，从而优化开车出行的体验。互联汽车也能够通过移动设备来进行通信。福特正在考虑连接亚马逊的 Echo 服务，以个性化的方式更新天气情况、添加购物项目、控制车内温度等，[22] 同时也在尝试车内融合亚马逊 Alexa。大众最近宣布与韩国电子设备制造商 LG 建立合作伙伴关系，把智能家居与智能汽车进行整合，让人们在车里也能监控家中的情况。例如，当一位消费者离开办公室，开始开车回家时，她可以遥控开灯，并且把家里调至适宜的温度。[23]

《移动营销》（*Mobile Marketing*）杂志上有一篇文章这样总结道：

"在大数据时代，在具备实时连接车主和乘客并从他们所听的音乐、查询地图的频率等行为中获取信息的能力时，营销人员可以使用更多的工具进行计划性目标锁定和基于位置的广告投放，使广告更加精准、高效。"[24]

因为具备在日常生活中真正解决消费者痛点的能力，智能家居和智能车辆将从我们周围的环境中创造更多的数据来源。通过实时提供个性化解决方案，物联网能够为移动经济变现创造新的机会。

整合线上与线下的技术

在未来几年，一些新的技术将重点解决线下与线上世界之间的鸿沟，并且创造一种全渠道的消费视角。其中的两项技术分别是智能钱包和虚拟现实/强化现实（VR/AR）。

从智能手机到智能钱包

就像我们生活中的其他方面一样，消费支付正在逐步实现无缝化。因为有了苹果支付、安卓支付和Square，移动支付系统现在大有"颠覆"互联网金融之势。现在，可穿戴设备让人们在不使用钱包或手机的情况下也能够完成支付，因此人们越来越多地倾向于使用这一技术。在苹果手表的用户中，有80%会使用苹果支付来完成线上或线下购物的支付。[25] Wallet 是 Passbook 系统的一个功能，它存储了用户的信用卡和借记卡信息，让人们可以通过苹果支付来购买机票、音乐会门票等各种商品。通过这一技术，人们用手腕型装置或手机就可以完成支付，不需要再随身携带信用卡或银行卡，支付变得更加容易。安卓随之推出了安卓支付系统。个人识别码（PIN）或其他类型的密码（这些密码并不会存储在设备上），可以保证账户安全。有了这两项主要的移动支付技术，消费者走进实体商店里，只需要选好商品后，刷一下手机或手腕上的二维码，就可以完成支付，完全不需要再排队。移动支付能够提供大量富有价值的消费者行为数据，并以前所未有的方式直接接触到他们。这实现了点击到交易完成的无缝连接，并且让营销人员能够把更多的线下购买数据添加进数据库中。

从腕戴式到头戴式

前提很简单：消费者去哪儿，企业和营销人员就要跟到哪儿。既然现在越来越多的消费者选择样式奇怪的头戴式设备来享受内容丰富的沉浸式体验，那么内容制作者和广告商就会追随这股潮流，依托移动设备和类似谷歌 Cardboard、三星 Gear 等虚拟现实应用来制作体验式内容。今天，移动设备上的 VR 体验并没有台式电脑上的那么丰富，但目前 VR 开发商和制造商都把重点放在了移动端，所以未来几年这一点会有所改变。移动 VR（一种使用移动设备来播放虚拟现实内容的 VR 设备）将变得更加普遍。脸书 Oculus 和三星 Gear VR 只是未来大趋势的冰山一角。

除了掀起内容界的变革之外，VR/AR 在其他方面也有着深远的意义。今天，对某些特定品类的企业来说，最大的挑战在于它们无法像实体店那样展示自己的产品和服务。现在，移动设备与智能手机体积越来越小，零售商也在不断减少实体店并转向投资电商，这一挑战只会越来越大。所有能够通过体验式营销获益的行业，如房地产、家装、旅游等，都将会采用VR/AR作为营销方式。总而言之，VR/AR能够把线下转变成线上。

同时，VR/AR也能够把线上转变为线下，从而解决当今企业面临的最大挑战之一：如何吸引更多人到访实体店。虽然游戏“精灵宝可梦”（Pokémon Go）在最初的大火之后旋即人气骤降，企业仍有大量机会利用智能手机上的VR/AR来整合虚拟与现实世界并大幅颠覆营销方式。我们已经看到，像“精灵宝可梦”这样大受欢迎的移动端游戏能够极大地提高小型商家的人流量和销售额，[26]这样便可以促进按人流量计费的地点赞助方式，类似于谷歌的按点击量计费的模式。[27]地点赞助的意思是，线下商家可以付费成为“精灵宝可梦”线上商家，其地址可以出现在游戏里的地图上。Niantic公司的CEO约翰·汉克（John Hanke）说，这一概念的前提就在于成为“精灵宝可梦”赞助地点可以“吸引更多人光顾这些商家”。

总而言之，今天移动端的技术与能力，大有可继续探索的空间。同时，移动科技的未来也有许多令人兴奋的契机。在未来几年，移动生态以及与之相关的技术将会彻底改变我们生活的面貌，引领我们进入一个全新的时代。毫无疑问，移动科技将会成为21世纪最具标志性的技术变革之一。

后记

还记得第九章里的汤姆和瑞秋吗？他们遛着狗，走进了星巴克而不是小辣椒快餐店。现在，想象一下：几年之后的一个周末，汤姆在完成了一次长跑后回到了公寓，瑞秋在看电影《霹雳钻》（*Marathon Man*）的50周年再发行版。当汤姆和瑞秋看到男主角在长跑后回到公寓里要用笔在写字板上记下本次跑步的耗费时间和距离时，不禁发笑了。

当然，汤姆是不需要这样做的。他的植入芯片已经详细记录下了本次长跑的各种信息，比如耗时、距离、各种体征指标（如心率和血糖）、天气状况（湿度、迎风风力、背风风力）以及路况等。这种情况对你来说一点也不陌生。汤姆的设备把今天的长跑与他自己过去的跑步记录、与其他跑相同路线的人以及全国其他40多岁的人做对比，然后为他推荐了营养均衡的零食选择和晚餐菜谱，同时也记得他今晚的睡眠要比平时短一些，因为第二天他要赶早班飞机从纳什维尔飞到洛杉矶。他要带走的早餐中有两样东西冰箱里已经没有了，所以家里的一些设施帮忙下单购买。也许冰箱可以完成下单，但更可能的情况是他的Pebble智能手表，通过连接亚马逊的Alexa语音助手来完成无缝下单。[1]可能在下单购买的快递到达之前，汤姆和瑞秋根本就不知道这两样食材已经用光了。

汤姆和瑞秋就像全世界其他几十亿人一样，已经成为一个巨大的无缝网络中的一个节点。他们与其他的人和事物之间存在着各种直接和间接的联系。对于这些人和事物，他们可能从未见过，却对他们的生活有着巨大的影响。自工业革命以来，人们便开始探讨和争论，把人类生活改造成今天模样的科技发展究竟是“好事”还是“坏事”。如今，这样的争论依然如火如荼。

不管你支持哪一方，科技进步仍在继续，不可阻挡。2016年，我们还处在初级阶段，还在试图理解智能手机上的应用能带我们走到哪里，或者什么样的任务可以交给智能秘书来完成。如果这些应用能被我们戴在手腕上，放进眼镜里，装入家中、车里或其他暂时想不到的地方，甚至植入我们的身体里呢？我不会过多设想植入芯片或者我们的世界在2026年会是什么样，还是把这个话题留给那些才华横溢的科幻小说家来写吧。但在结尾处，我可以留给大家一些关于移动科技如何影响整个社会的想法。

你最钟爱的品牌能否保守你的秘密

上述例子只是几年后我们所生活的世界的一个缩影。我们还会有许多其他的机会，但也不乏面临挑战。本书中所描述的种种力量可能会引起一些读者对于隐私和安全方面的担忧，也可能会成为一个新的社会问题。因此，我们有必要对旨在提升生活体验而进行的个人信息收集和恶意盗取个人信息的黑客行为进行甄别。我们必须区分数据安全和数据隐私问题引发的担忧，这两者之间有着微小却十分重要的差异。

很多人都听说过一些大型企业如零售商、人寿保险公司、金融机构等的信息遭到黑客入侵的事件，造成我们的交易数据或个人信息泄露。这时，我们会去设想最坏的情形。一些媒体为了博人眼球而肆意夸大这类事件，对我们是毫无帮助的。消费者会以为黑客经常能够成功入侵企业的系统，但其实这类事件在现实生活中发生的概率是很低的。

在消费者把一些敏感的个人信息交给企业的时候，企业必然采取有效的安全措施来对信息进行保护。企业可以通过提高安全基础设施的投资来防止黑客入侵和盗窃信息，从而减少消费者的疑虑。这类问题必须得到正面回应和解决。目前，各个企业也在积极地打击窃取身份信息和破坏信息安全的罪犯，提高安全措施来防止和吓阻黑客行为，并采取其他的各种方式来保护我们的信息安全。

另外，消费者关于数据隐私的担忧应该是企业如何利用数据来提升消费者的生活体验。企业在利用数据时是否足够审慎？是否能切实带来价值，为消费者提供相关的推荐呢？

令许多人惊讶的一点是，绝大多数企业其实并没有理由去滥用我们的信息，故意破坏我们的隐私。我在本书中也列举了种种原因，证明企业能够通过与消费者建立密切联系来获得竞争优势，因此企业没有理由去故意破坏这种联系。企业想要做的只是在合适的地点把合适的产品推荐给合适的人。同时，企业也应意识到，在保护消费者隐私和提供全方位服务之间应当有所权衡。它们应该明白一位“私人管家”和一个“跟踪狂”之间的区别在哪里，要清楚界限所在，并且绝不越雷池一步。它们应该尽己所能，确保消费者的隐私得到保护。

苹果公司从来没有像谷歌、脸书或亚马逊那样急切地收集手机用户信息，并且据说它准备提供一些解决方案来防止他人（包括联邦政府）随意获取我们的个人信息。[2]苹果也曾批评其他科技公司通过收集用户个人信息来进行广告投放的行为。但苹果保护用户隐私的政策也阻碍了其为用户开发和提升服务的能力。

现在，苹果开始运用一项新的技术，通过从键盘、搜索或备忘录获取的信息，来分析用户的行为。这项新技术叫作“微分隐私”，将会被运用到iPhone和iPad的下一次iOS系统升级当中。这项技术运用了统计学中的散列和二段抽样，让数据工程师能够观察到用户群体的行为模式，同时又防止通过这些信息精准追踪到某个用户个人的可能。苹果并不是第一个利用微分隐私技术的公司，谷歌在两年前就已经开始利用这项技术来分析谷歌浏览器用户所产生的数据了。[3]

苹果最近的收购行动也显示出保护用户数据隐私的决心。苹果收购了初创企业Perceptio，这家公司能够让人工智能助手在不收集用户个人数据的情况下也能运转。苹果不收集用户数据，这一点跟很多公司都不一样。你可能会觉得为何谷歌的Google Now功能如此强大，其实部分原因在于谷歌会从用户的浏览记录、邮箱、日历等地方挖掘信息，来预测用户的意图。[4]苹果收购Perceptio的行动显示出在保护用户隐私的同时，为用户提供卓越的人工智能助手服务的意图。

其他公司也有着高于现行法律要求的标准。例如，在2015年，虽然谷歌满足了78%的执法机构信息查询要求，它在信息共享方面的立场却是十分坚定，拒绝在没有法定理由的情况下透露用户的历史地址信息。[5]脸书也多次向用户表明，如果他们不希望自己在其他网站或应用上产生的数据被用来进行广告推送，脸书就不会这样做。[6]用户可以在浏览器上选择不接受广告推送，这一做法是数字广告联盟制定的行业通用标准；[7]用户也可以在移动设备上通过iOS或安卓系统内的控制设置进行操作。

爱德华·斯诺登（Edward Snowden）爆料的政府监控措施登上了各大媒体的头条。维基解密也让我们了解了类似的事情。自那以后，消费者对于个人数据被机构使用这一点有了近乎本能的（常常也是不必要的）担忧。我们必须清楚，企业使用数据（通过我们在各种平台上的登录、点击广告所显示出的偏好以及通过手机定位所显示出的位置信息）来进行营销和政府收集数据来进行监控是有很大不同的。我们必须理解和接受这种不同。2016年5月，美国联邦第四巡回上诉法庭宣布，执法部门可以在没有搜捕令的情况下要求获得用户手机上积累的历史地址信息。[8]相对于让企业少推送不相关的广告，这一点才更加令人担忧。

移动技术攸关什么

尽管围绕着隐私和数据展开了争论，但我们无法回避移动技术。当我们更仔细地研究这种技术的力量和影响时，我们看到它不仅有经济影响，而且越来越多地显示出对政治和社会的影响。虽然这本书是关于生意和商业的，我必须指出，近年来，智能手机技术已经展示出一些非商业性的机会。它已经显示了连接和数据共享对行为和反应有何影响。移动技术显示了它如何为消费者节省几美元，有时甚至是拯救性命的力量。正是这种移动技术的整体影响，使我对这个话题如此激情洋溢。

今天，移动技术带来社会影响的例子不胜枚举，理应单独为其撰书一本。然而，不认可移动技术带来的社会变革，就不能完整地讨论这项技术。下面的例子只是沧海一粟。

在巨大的、自组织网络上快速实时交换信息的能力帮助触发了阿拉伯之春。定位和识别在自然和人为灾害后很有帮助，这一点已被证实。因此，脸书现在已经设置了一个安全功能，在紧急情况下，不需要三角发射塔或给带宽带来重负就能让别人知道他们是安全的。在受灾社区中，在能打电话之前就可以使用蜂窝数据了。一个例子就是海地的大地震。早在可以打电话之前，那些有黑莓手机的人就把邮件发出去了。同样，在2001年9月11日纽约遭受恐怖袭击后，电子邮件和其他数据通信手段是最好的选择。

发射塔的功能没有被破坏，但塔上的电话线遭到了干扰。当信息很短的时候，比如快速点击脸书上的安全功能，传输速度更快，占用的带宽也更少。如果第一次尝试无法通过，数据程序通常会自动重新尝试发送消息。[9]

移动应用程序也有直接的作用。菲律宾由众多岛屿和洼地组成，沿着断层线，呈链条状分布，经常遭受地震和台风的袭击。此外，当地许多居民都是农村人，无法获得政府服务或紧急医疗。由于地理和人口因素，当地居民没有政府提供的911紧急救援或派遣。菲律宾的一家私人紧急救援公司Pilipinas 911，引入了一个调度和培训模式来解决这个问题。因为大多数民众都有移动电话，登记使用该公司服务的人可以在紧急情况下打电话求助，并且有当地的救护车响应。[10]现在，该公司创始人正在进一步加强服务，以覆盖家庭紧急情况，比如中风或摔倒，或在国家紧急情况下所需要的紧急响应。这款应用程序的设计不仅给一个通常不存在此类服务的国家提供电话呼叫紧急服务，而且如果在灾难开始时激活的话，还可以找到最后发出求助时的位置。该款应用使用时间、场景、位置、轨迹和其他一些力量来减少搜索和寻找时间，在菲律宾这样的国家，这可是生死攸关的。当一个系统能够定位和派遣最近的救援者时，就能降低台风“海燕”这类灾难的威胁性和致命性。据估计，台风“海燕”已经夺取了1万多菲律宾人的性命。智能手机的普及和便利，使农村地区众多、重大灾难频繁的其他国家得以应用该系统。

将营销和广告的概念运用于应急和救援，只是实现社会变化的一种方式。到2016年，智能手机已经成为全球46.1亿人不可或缺的设备。到2019年，50.7亿人将使用智能手机。[11]它已经渗透到世界上一些最偏远和欠发达的地区。这种快速的增长使得获取信息或商品渠道有限的人们（比如印度或印度尼西亚农村的人们）可以作为全球市场的一部分进行交流和贸易。移动技术可以为印度渔民们提供鱼类价格的实时信息，使南非村民们进行低成本的移动支付。

在印度，移动技术允许人们在没有家用电脑的情况下上网。尽管仍有大量未开发的潜力，移动银行和一些在线零售商正在扩大其进入印度农村市场的范围，为那些难以上网的人获得更多经济机会铺平道路。[12]哈佛商学院的两名研究人员对提供免费使用AO的影响进行了一项有趣的研究。AO是一种基于移动电话的技术，允许农民从农学家和他们的同行那里获得及时的农业信息。[13]移动设备上网极大地改变了农民播种和农业投入决策的信息来源，比如推荐的种子品种、肥料、杀虫剂和灌溉方式。特别是，农民更少地依赖于想赚佣金的农业投入经销商提供的农药建议；当农民决定使用何种肥料时，也更少地依赖他们的经验。研究人员发现了一些证据，证明了产量的显著改善：棉花的产量提高了8.6%，而孜然的产量则提高了28.0%。估计，在这种服务上每花1美元就能获得10美元的个人回报。这是一个多么了不起的研究！

我希望这些例子能让你了解移动技术如何使卫生保健机构和非营利服务机构能服务于没有家用电脑的人们，并为他们提供更好的支持。

该如何为移动时代做准备

在这本书中，我谈到了在移动经济时代怎么利用关键的九种力量来深刻地影响经济。要真正发挥这九种力量的潜力，企业和个人需要更多地关注他们所要开发的技能。

在2002年的《工作的未来》（*The Future of Work*）一书中，前劳工部长罗伯特·赖克（Robert Reich）描述了两大类雇员，如果技术继续沿着一条快速上升的道路发展的话，他们的需求会很高。他把他们称为“极客和心理医生”，根据赖克的说法，“极客”就是那些有创造力的人，他们可以把正在做的任何产品或服务变得更好、更快、更便宜。[14]另外，“心理医生”是那些洞察人们需求的人，他们甚至不知道人们的需求（这可能是因为没有产品或服务来测试人们的需求）。

我坚信，在移动经济驱动的未来世界里，将需要更多的极客和更多的心理医生。[15]为了培养他们，学术机构需要重新调整其教育体系和教学方法。为了吸纳他们来工作，公司必须改变招聘和晋升的做法、薪酬结构、组织内部文化，并进行额外投资。

在数据库设计、数据收集和数据分析方面，极客肯定有大量的工作要做，还有很多重大的问题需要解决。从数据上看，这种快速的技术进步既不是天衣无缝，也不是无人受害，其身后已经留下一些棘手的工程问题。必须有人来解决这些问题。制造自动驾驶汽车、更智能的房屋和其他设备，并把它们推向大众市场，需要在传感器技术、软件、人工智能、增强现实、机器人技术和许多其他领域取得突破。机会是巨大的，但要求是很高的。事实上，这促使“互联网之父”文顿·瑟夫（Vinton Cerf）发出警告，随着技术进步，如果我们不能想出一个办法来保护我们的数据、图片和其他的记忆，就会出现一个数字黑暗时代。[16]

在本书中，为九种力量提供动力的数据至关重要。这需要大量的人文关怀，因为清理、管理和分析数据是复杂的工作。希望那些利用本书所提出的见解以及其他必将涌现的更多新见解的公司，将需要业务分析师和数据科学家的团队来构建模型、分析模式，并进行其他高级的统计和预测分析。因为想要追踪成功的移动营销活动所需的所有力量，公司将会被数据淹没。它们需要复杂的建模系统来更好地理解和使用信息。整合数据也是至关重要的一个环节。

这个新时代将继续需要越来越多接受过量化统计方面培训同时有不同技能的企业高管和经理，这种需求比传统经济的需求大大增加。据估计，有400万个与数据相关的工作岗位招聘，而只有30%的职位招到人，[17]精通数据的管理人员已经成为除科技公司以外的其他众多公司的“香饽饽”。公司不再只寻找有竞争战略或市场经验的经理，它们会越来越需要那种能够把收集到的海量数据转化为目标，吸引客户，并赢得客户的人才。

这里就轮到“心理医生”上场了。这些分析需要为跨部门的业务团队和消费者阐释和翻译成有意义的信息。企业将继续需要很多会“讲故事”的人。“讲故事”的重要性不应被低估。那些能够将数据分析能力、沟通技能和消费者心理学背景结合起来的人，将会有优势。在数据分析完成之后，他们将应对仍然存在的创造性挑战。

显然，并不是每个人都会成为极客或心理医生，直接为移动经济做出贡献。然而，大多数人都会生活在移动经济中，并从中获益，在更灵活的工作安排、全球交流和互动中获得更多的机会，并在传统的办公室、工厂、商场或商店的局限之外增加价值。

移动已经并还将继续在工作场所发挥重要作用，尽管方式不同。尽管台式电脑在工作场所占据主要地位，手机却将越来越模糊工作时间和个人时间的界限。35%的美国员工在常规工作时间以外使用智能手机进行工作。[18]并不是每个人都对此感到高兴，因为每周额外花10个小时来工作并不一定能改善消费者的生活质量。惠普的全球渠道营销和运营副总裁文森特·布里索（Vincent Brissot）对这一问题进行了尖锐的评论：“‘我去上班了’这句话不再正确了。移动性从根本上改变了工作的真正本质。工作不再是你去的地方。工作是你要做的事。”移动技术在工作场所的好处是否超过了我们为此付出的生活代价，这个争论还在进行中。

这种使用趋势的一个自然延伸是，为了增加参与度，公司将支持自适应内容和其他更高级的策略。为了支持这种个性化的内容和全渠道的体验，甚至在B2B世界中，移动营销将转向程序化营销（通过机器学习算法实现自动化营销）。[19]

结 语

50多年前，马歇尔·麦克卢汉（Marshall McLuhan）创造了“全球村”（global village）一词，用来描述一个完全相互联系、相互依存的世界，这要归功于远程通信。现在，这个世界就是这样的。

当世界上智能手机用户比获得真实交流机会的人多时，包括老人和穷人，我们就都可以互相接触，而不存在人类交流最初就存在的延迟、阻碍交流的摩擦和挫败感。这听起来像是一个大胆的宣言，但我希望你已经在这本书中看到了足够的证据，认识到移动技术创造的经济机会。然而，地球村的繁荣需要付出一些努力。

通过这些激动人心的变化，我预计四种行为矛盾将持续下去。移动广告的未来取决于消费者和公司之间达成的交易。双方必须进行一些投资，并为这种互取所需的关系提供信任以促进繁荣发展。消费者需要找到更好的方法以便在他们的生活和移动技术之间取得个人平衡。他们需要做出选择，让技术在多大程度上介入他们的生活并提供信息。他们将是决定数据公开或私有化程度的关键。可以肯定的是，做这些选择时，他们有责任找到一个健康的平衡，并保持开放的心态。

但是，这并不能减轻企业的责任。在这个生态系统中，它们需要关注并认真对待自己的角色。消费者越来越愿意把他们的数据作为货币使用，只要他们能得到一些真正的价值，比如更多的娱乐、更高的效率或者节省了时间和金钱。公司需要坚守协议，它们需要给消费者惊喜，给他们留下深刻印象，满足他们的需求，就像看门人或管家那样。更重要的是，它们需要认真对待数据安全和隐私问题。

我们很少会进入这样一个经济时代——它改变了人们的生活，给消费者和社会带来了积极的影响，同时也给那些坚守协议的公司带来了丰厚的利润。但我有信心，各方都将在履行承诺中认识到移动经济的价值，共同管理推动移动经济发展的力量。

致谢

我要感谢为本书的核心研究做出贡献的同事们。在工作接触中，我从他们身上学到了很多：帕诺斯·亚当莫布罗斯（Panos Adamopoulos）、米歇尔·安德鲁斯（Michelle Andrews）、贾森·陈（Jason Chan）、阿维·戈德法布（Avi Goldfarb）、郭西桐（音译）、韩相弼（Sangpil Han）、赫求·埃里克·权（Hyeokkoo Eric Kwon）、李东元（Dongwon Lee）、李贝贝（音译）、刘思远（音译）、罗学明（音译）、多米尼克·莫利托（Dominik Molitor）、吴元硕（Wonseok Oh）、朴成赫（Sung-Hyuk Park）、菲利普·莱切特（Philip Reichart）、马丁·斯潘（Martin Spann）、帕拉姆维尔·辛格（Paramvir Singh）、薇尔玛·托德里（Vilma Todri）、许凯泉（音译）、杨莎（音译）和方正（音译）。和他们一起工作充满了乐趣。

我想要感谢纽约大学斯特恩商学院的同事们，以及学院在读和业已毕业的博士生们，我在与他们正式和非正式的学术互动和学术合作中获益匪浅。

我特别要感谢纽约大学的巴蒂亚·维森菲尔德（Batia Wiesenfeld），在过去12年中，他一直是了不起的良师益友，给我源源不断的支持。衷心感谢麦克·皮内多（Mike Pinedo）、亚历克斯·图日林（Alex Tuzhilin）、彼得·亨利（Peter Henry）、伊丽莎白·莫里森（Elizabeth Morrison）、拉斯·维纳（Russ Winer）和艾顿·增莫尔（Eitan Zemel）这几年的支持。我也要谢谢这些年阿鲁·萨丹拉彻（Arun Sundararajan）对我的启发，帮我塑造了许多方面的思想。

我也很高兴得以认识了非常多的纽约大学斯特恩商学院MBA、MSBA、EMBA和TRIUM项目出类拔萃的本科生和研究生。

我要感谢自己的博士生导师拉姆亚·克里希南（Ramayya Krishnan）和特里达斯·穆霍帕德雅（Tridas Mukhopadhyay），以及博士论文答辩委员会其他成员老师——乌代·拉詹（Uday Rajan）、迈克尔·D. 史密斯（Michael D. Smith）和拉胡尔·特朗（Rahul Telang）——帮助我顺利度过了在卡内基梅隆大学四年的美好时光。我要特别感谢乌代，他是任何一个博士生都梦寐以求的良师益友。我大部分关于研究的知识都来源于他。

感谢几位经常和我进行学术探讨和合作的同人：斯楠·阿拉尔（Sinan Aral）、苏珊·埃塞（Susan Athey）、尼古拉·阿尔扎克（Nikolay Archak）、拉维·巴布纳（Ravi Bapna）、埃里克·布莱恩约弗森（Erik Brynjolfsson）、拉姆·切拉帕（Ram Chellappa）、V. 乔杜里（V. Choudhary）、克里斯·弗曼（Chris Forman）、埃丝特·加尔奥（Esther Gal-Or）、顾斌（音译）、黄柯维（音译）、黄燕（音译）、阿米特·梅赫拉（Amit Mehra）、瓦拉布·桑巴穆尔蒂（Vallabh Sambamurthy）、拉梅什·尚卡尔纳拉亚南（Ramesh Shankarnarayanan）、谭勇（音译）、哈尔·范里安（Hal Varian）、苏尼尔·瓦泰尔（Sunil Wattal）、姚玉亮（音译）、萨姆·全（Sam Jeon）、徐瑜茜（音译）、叶璇（音译）、叶强（音译）、柳秉俊（Byungjoon Yoo）和郑荣（音译）。2011—2012年，在沃顿商学院（Wharton School）度过的难忘时光中，我也和众多学长进行了卓有成效的讨论，他们是大卫·贝尔（David Bell）、埃里克·布拉德洛（Eric Bradlow）、杰拉德·卡桑（Gerard Cachon）、彼得·费德（Peter Fader）、劳瑞恩·希特（Lorin Hitt）、卡提克·霍桑纳格（Kartik Hosanagar）以及拉古·延加（Raghu Iyengar）。

在数字经济行业和商业界，我从以下朋友身上获益良多：尼克·巴多尔（Nic Baddour）、阿卡什·查图尔维迪（Akshay Chaturvedi）、约翰·布兰肯巴克（John Blankenbaker）、亚历杭德罗·克勒马德（Alejandro Cremades）、安德拉达·科马纳克（Andrada Comanac）、拉胡尔·古哈（Rahul Guha）、杰克·汉隆（Jack Hanlon）、尚卡尔·耶尔（Shankar Iyer）、纳迪亚·内切瓦（Nadia Neytcheva）、乔治·帕帕肯（Geroge Pappachen）、罗斯·里兹利（Ross Rizley）、克雷格·斯泰西（Craig Stacey）、沃利·王（Wally Wang）和安德鲁·黄（Andrew Wong）。我尤其要感谢尚卡尔·耶尔帮我打开了迄今为止，职业生涯中最神奇的一扇门：数据驱动的诉讼咨询。在处理诉讼案件的过程中，我对数字经济的广度和深度的理解得到了前所未有的提升。这也是一段很有成就感和充实感的经历。

感谢迈克尔·史密斯帮我搭建了宝贵的桥梁。首先，他介绍了优秀的出版经纪人雷夫·萨加林（Rafe Sagalyn）。谢谢雷夫告诉了我图书出版的流程，并且引导了和麻省理工学院出版社的谈判。其次，迈克尔还介绍我认识了简·麦克唐纳（Jane MacDonald），她是跟我接触的第一个策划编辑。她相信本书中的论点，对此我深表感激。在出版事宜接洽过程中，艾米丽·泰伯（Emily Taber）开始接手我的稿件，成为我的策划编辑。艾米丽成为照亮我出版之路的灯塔，我心怀感激。她带领我走过整个出版流程，给予指导，而且提供了极佳的编辑建议。

我要感谢看了初稿并且给予很好反馈的人：帕诺斯·亚当莫布罗斯、阿米塔布·博斯（Amitabh Bose）、戈登·伯彻（Gordon Burtch）、李贝贝、马丁·斯潘、薇尔玛·托德里和大卫·韦谢尔（David Verchere）。

谢谢内维尔通信公司（Neville Communications）的杰西卡·内维尔（Jessica Neville）以及弗兰克·卢比（Frank Luby）和伊莱娜·达菲（Elana Duffy），给予编辑工作的支持和反馈。

在过去几年里，纽约大学斯特恩商学院公关团队大力支持我的研究，而且还广为宣传。我想要感谢珍妮·欧文（Jenny Owen）、贝思·默里（Beth Murray）、里卡·纳齐姆（Rika Nazem）、杰西卡·内维尔和亚尼内·洛·萨韦斯（Janine Saverse Lowe）。谢谢亚尼内（Janine）介绍我认识了出色的图书公关里姆杰欣·戴伊

(Rimjhim Dey)。我想要感谢在过去帮助过我的斯特恩商学院的同事，包括在职和离职的同事：乔伊·德拉皮纳（Joy Dellapina）、内奥米·戴蒙特（Naomi Diamont）、梅根·哈利萨伊（Megan Hallisay）、莎伦·金（Sharon Kim）、雪莉·刘（Shirley Lau）、曼迪·奥斯本（Mandy Osborne）、劳拉·尚利（Laura Shanley）、阿什利·提尔（Ashley Tyrell）和阿兰娜·巴尔德斯（Alanna Valdez）。

我要感谢父母相信我，并给予我毫不动摇的支持。谢谢我岳父、岳母待我如亲生。我妹妹，我的两个小舅子和小姨子也为我提供了大力的支持和帮助。

女儿阿纳尼娅（Ananya）的出生带给我无与伦比的喜悦，她彻底改变了我的世界。女儿的存在激励我更加努力地工作，不断地改善自我。她教会了我无条件的爱的真谛。我希望，待她长大以后，她能够因为我写作本书而骄傲。

最后，我深深地感激我的妻子迪普提·什里瓦斯塔瓦（Deepti Shrivastava），她不辞辛苦而精心地编辑了我的书，这个工作她反复做了好几遍，而且她也是经验丰富的品牌营销人员，帮助我完善自己的想法。不论从哪个角度来说，我都要谢谢她让我追逐梦想，攀登高峰。

注释

自序

1. http：//www. smartinsights. com/mobile – marke ting/mobile – advertising/7 – effective – mobile – marketing – campaigns/

2. https：//www. gsmaintelligence. com/research/？ file = 97928efe09cdba2864cdcf1ad1a2f58c&download

3. https：//apac. thinkwithgoogle. com/articles/the – future – of – shopping. html

4. https：//www. facebook. com/help/585318558251813

5. http：//www. imediaconnection. com/article/230007/160419 – ben – plomion – everything – oldis – new – again

6. http：//www. smartinsights. com/mobile – marketing/mobile – advertising/7 – effective – mobile – marketing – campaigns/

7. http：//www. pwc. com/us/en/industry/entertainment – media/publications/consumer – intelligence – series/consumer – privacy. html

8. http：//www. pwc. com/us/en/industry/entertainment – media/publications/consumer – intelligence – series/mobile – advertising. html

9. http：//www. millennialmedia. com/mobile – insights/blog/whats – my – worth – how – ads – appeal – to – consumers

10. R. Sloan and R. Warner，“Beyond notice and choice：Privacy，norms，and consent，” working paper，Social Sciences Research Network，2013.

11. http：//mentalfloss. com/article/54133/6 – ways – cell – phones – are – changing – world – beyond – ways – youre – probablythinking.

第一章

1. J. Bezerra et al.，“The mobile revolution：How mobile technologies drive a trilliondollar impact，” BCG Perspectives，2015. https：//www. bcgperspectives. com/content/articles/telecommunications _ technology_business_transformation_mobile_revolution/ .

2. Ericsson mobility report 2016.

3. Bezerra et al.，“The mobile revolution.”

4. Ibid.

5. Ibid.

6. http：//www. computerworld. com/article/2520954/mobile – wireless/google – ceopreaches – – mobile – first –. html

7. https：//techcrunch. com/2015/09/10/u – s – consumers – now – spend – more – time – in – apps – than – watching – tv/

8. https：//yourstory. com/2015/06/location – based – marketing/

9. http：//www. adweek. com/news/technology/here – everything – you – need – know – about – current – state – mobile – ad – fraud – 168542

10. http：//www. merriam – webster. com/dictionary/smartphone

11. http：//www. bloomberg. com/news/articles/2012 – 06 – 29/before – iphone – and – android – came – simon – the – first – smartphone

12. http：//fortune. com/2016/01/14/apple – iphone – q1 – 2016/

13. ProximityMarketinginRetailQ12016Report. .

14. http：//unacast. com/shhh – plan – tell – everyone/

15. Location Data Privacy：Guidelines，Assessment and Recommendations. The Location Forum，2013.

16. Ibid.

17. Ibid.

第二章

1. http：//www. forbes. com/sites/neilhowe/2015/07/15/why – millennials – are – texting – more – and – talking – less/#4b9815c95576

2. http：//www. payscale. com/career – news/2015/01/smartphones – in – the – workplace – productivity – tool – or – time – suck –

3. Some early adopters of LBS include the app Shopkick (founded in 2010), a coupon and deal push mechanism. Retailers such as Macy's, Target, J. C. Penney, Crate & Barrel, and Best Buy could send deals as long as customers had the Shopkick application open on their smartphones and were present in the store.

4. http://www.emarketer.com/Article/Most – Smartphone – Owners – Use – Location – Based – Services/1013863

5. http://www.govtech.com/dc/articles/How – Can – Location – Based – Services – Overhaul – Local – Government.html

6. http://www.govtech.com/dc/articles/How – Can – Location – Based – Services – Overhaul – Local – Government.html

7. http://www.govtech.com/dc/articles/How – Can – Location – Based – Services – Overhaul – Local – Government.html

8. A. Pentland, *Social Physics: How Good Ideas Spread—The Lessons From a New Science* (Penguin, 2014).

9. http://www.economist.com/news/united – states/21615622 – junk – science – putting – innocent – people – jail – two – towers

第三章

1. D. Read and G. Lowenstein, "Diversification bias: Explaining the discrepancy in variety seeking between combined and separated choices," *Journal of Experimental Psychology* 1 (1), 1995: 34 – 49.

2. G. Becker and K. Murphy, “A simple theory of advertising as a good or bad,” *Quarterly Journal of Economics* 108 (4), 1993: 941 –964.

3. Millennial Media, What's My Worth, 2015. http: //www. millennialmedia. com/mobile – insights/industry – research/whats – my – worth – report – 2015

4. A. LePage, “Is the medium the message?” *The Programmatic Mind* (http: //buyercloud. rubiconproject. com), issue 10, March 4, 2016.

5. What I mean by “mobile Web” (and what is generally meant in the industry) is Internet access via a browser on mobile devices (as opposed to on desktops/ laptops).

6. http: //fortune. com/2015/09/18/ad – block – ethics/

7. http: //www. nytimes. com/2016/08/10/technology/facebook – ad – blockers. html

8. G. Raifman, “Why ad blockers are good for the ad industry,” *The Programmatic Mind* (http: //buyercloud. rubiconproject. com), issue 10, March 4, 2016.

9. Millennial Media, What's My Worth, 2015.

10. https: //www. linkdex. com/en – us/inked/mobile – marketing – trends – 2016/

11. http: //www. nytimes. com/2016/08/10/technology/facebook – ad – blockers. html

12. B. Schwartz, *The Paradox of Choice: Why More Is Less* (Har-

per Perennial, 2005).

13. A. Ghose, P. Ipeirotis, and B. Li, "Examining the impact of ranking and consumer behavior on search engine revenue," *Management Science* 60 (7), 2014: 1632 – 1654.

14. S. Iyengar and M. Lepper, "When choice is demotivating: Can one desire too much of a good thing?" *Journal of Personality and Social Psychology* 79 (December 2000), 995 – 1006.

15. I. Simonson, "The effect of product assortment on buyer preferences," *Journal of Retailing* 75 (autumn), 1999: 347 – 370.

16. S. Peters, "Believe it or not, millennials do care about privacy, security." http://www.darkreading.com/endpoint/believe-it-or-not-millennials-do-care-about-privacy-security/d/d-id/1322622

17. http://www.adweek.com/news/technology/digital-savvy-millennials-will-sacrifice-privacy-personalization-says-leo-burnett-exec-169869

18. http://www.tsys.com/ngenuity-journal/millennials-and-privacy-more-open-to-sharing-but-also-more-informed.cfm

19. https://www.research-live.com/article/news/millennials-the-most-privacyconscious-generation-says-study/id/4011682

20. http://www.theatlantic.com/technology/archive/2016/04/would-you-let-companies-monitor-you-for-money/476298/.

21. http://www.theatlantic.com/technology/archive/2016/04/

would – you – let – companies – monitor – you – for – money/476298/.

第二部分介绍

1. http：//www. smartinsights. com/mobile – marketing/mobile – advertising/7 – effective – mobile – marketing – campaigns/

2. http：//www. pwc. com/us/en/industry/entertainment – media/publications/consumer – intelligence – series/consumer – privacy. html

3. http：//www. pwc. com/us/en/industry/entertainment – media/publications/consumer – intelligence – series/mobile – advertising. html

4. http：//www. millennialmedia. com/mobile – insights/blog/whats – my – worth – how – ads – appeal – to – consumers

5. http：//info. localytics. com/blog/5 – real – app – examples – of – killer – geofencing – push – notifications

6. http：//www. nytimes. com/2012/02/19/magazine/shopping – habits. html？ pagewanted = 6

7. http：//mobilefomo. com/2015/04/types – context – enrich – mobile – marketing/

8. http：//www. techrepublic. com/article/mobile – apps – need – context – to – hit – the – right – targets/

9. http：//mobilefomo. com/2015/04/types – context – enrich – mobile – marketing/

第四章

1. http：//www. cntraveler. com/stories/2012 – 10 – 12/cruises – restaurant – quality – food – explained

2. http：//www. wsj. com/articles/SB10001424052748704486504575097423296506784

3. http：//touristmeetstraveler. com/2014/behind – buffet – cruise – ship – food – kitchens/

4. http：//www. thedrinksreport. com/news/2013/15201 – special – feature – serving – the – cruise – industry. html

5. http：//www. foxnews. com/travel/2016/02/26/cruise – ship – food – 10680 – hot – dogs – just – tip – iceberg. html

6. http：//streetfightmag. com/2016/04/07/the – context – for – contextual – marketing – is – changing/

7. http：//about. mapmyfitness. com/2013/11/underarmour/

8. http：//streetfightmag. com/2016/04/07/the – context – for – contextual – marketing – is – changing/

9. A. Sadilek and J. Krum，Far Out：Predicting Long – Term Human Mobility. Association for the Advancement of Artificial Intelligence，2012. http：//www. aaai. org/ocs/index. php/AAAI/AAAI12/paper/view/4845

10. A. Ghose，B. Li，and S. Liu，“Mobile advertising and real-

time social dynamics. A randomized field experiment," working paper, New York University, 2016.

11. http://streetfightmag. com/2016/04/07/the – context – for – contextual – marketing – is – changing/

12. P. Adamopoulos, A. Ghose. V. Todri, and A. Tuzhilin, "The business value of recommendations in a mobile application: Combining deep learning with econometrics," working paper, New York University, 2016.

13. https://www. bostonglobe. com/arts/2016/06/05/why – our – location – histories – are – glimpse – into – future/OqFyyVTy1s WWB-JRDguvX5K/story. html#comments

14. http://mobilefomo. com/2015/04/types – context – enrich – mobile – marketing/

15. M. Brodeur, "Why our location histories are a glimpse into the future," *Boston Globe*, June 6, 2016. Google created the term "micro – moments" in 2015 to dramatize the impact of mobile on our search behaviors. See http://streetfightmag. com/2016/04/07/the – context – for – contextual – marketing – is – changing/

第五章

1. https://www. engadget. com/2015/05/22/philips – led – vlc – navigation/

2. P. Zubcsek, Z. Katona, and M. Sarvary, "Predicting mobile

advertising response using consumer co-location networks," working paper, Social Science Research Network, 2016.

3. https: //www. intersec. com/location – based – advertising – lba – market – to – hit – 15m – by – 2018

4. https: //www. b2bmarketing. net/en/resources/blog/why – sms – your – most – powerful – b2b – marketing – tool

5. https: //www. b2bmarketing. net/en/resources/blog/why – sms – your – most – powerful – b2b – marketing – tool

6. http: //www. mmaglobal. com/casestudies/avenue% E2% 80% 99s – rmm – campaign – yields – roi – over – 6600

7. http: //streetfightmag. com/2015/12/22/10 – top – location – based – marketing – campaigns – of – 2015/

8. Skyrocket Conversion Rates in 2016 and Beyond with Context. Skyhook Report, 2016. http: //info. skyhookwireless. com/hubfs/eBook_Skyrocket_Conversion_Rates_in_2016_and_Beyond_with_Context. pdf

9. http: //www. wsj. com/articles/SB10001424127887323777204578189391813881534

10. S. Banerjee and R. Dholakia, "Mobile advertising: Does location – based advertising work?" *International Journal of Mobile Marketing* 3 (2), 2008: 68 – 74.

11. S. Spiekermann, M. Rothensee, and M. Klafft, "Street marketing: How proximity and context drive coupon redemption," *Journal*

of Consumer Marketing 28 (4), 2011: 280 –289.

12. J. Lindqvist, J. Cranshaw, J. Wiese, J. Hong, and J. Zimmerman, "I'm the mayor of my house: Examining why people use Foursquare—a social – driven location sharing application," presented at CHI 2011, Vancouver.

13. A. Ghose, A. Goldfarb, and S. P. Han, "How is the mobile Internet different? Search costs and local activities," *Information Systems Research* 24 (3), 2013: 613 –631.

14. W. Wang, "QR codes make location matter even more: The mere exposure effect of QR codes," working paper, Hong Kong University of Science and Technology, 2016.

15. http://www.xad.com/press – releases/geo – conquesting – is – the – new – craze – in – mobile – advertising – according – to – the – xad – q2 –2013 – mobile – location – insights – report/

16. Mobile Retargeting, Optimization & Hitting the ROI Bullseye. YP Marketing Solutions. http://national.yp.com/downloads/MMS_Chicago.pdf

17. http://marketingland.com/using – geo – location – turn – mobile – traffic – line – gold – 80820

18. http://www.geomarketing.com/what – is – geo – conquesting

19. http://medicomhealth.com/geotargeting – for – healthcare – marketing/

20. http://www.xad.com/media – mentions/study – mobile – ad –

geo – targeting – and – geo – conquesting – on – the – rise/

21. N. Fong, Z. Fang, and X. Luo, "Geo – conquesting: Competitive locational targeting of mobile promotions," *Journal of Marketing Research* 52 (5), 2015: 726 – 735.

22. J. – P. Dubé, Z. Fang, N. Fong, and X. Luo, "Competitive price targeting with smartphone coupons," working paper, University of Chicago, 2016.

23. http://www.msi.org/reports/competitive – price – targeting – with – smartphone – coupons/

24. S. Hui, J. Inman, Y. Huang, and J. Suher, "The effect of in – store travel distance on unplanned spending: Applications to mobile promotion strategies," *Journal of Marketing* 77 (2), 2013: 1 – 16.

25. S. Hui, J. Inman, Y. Huang, and J. Suher, "Estimating the effect of travel distance on unplanned spending: Applications to mobile promotion strategies," *Journal of Marketing* 77 (March), 2013: 1 – 16.

26. S. Hui, J. Inman, Y. Huang, and J. Suher, "Deconstructing the 'first moment of truth': Understanding unplanned consideration and purchase conversion using instore video tracking," *Journal of Marketing Research* 50 (4), 2013: 445 – 462.

27. S. Nirjon, J. Lui, G. DeJean, B., Priyantha, J. Yuzhe, and T. Hart, "COIN – GPS: Indoor Localization from Direct GPS Receiving." http://research.microsoft.com/en – US/people/liuj/coingps – release.pdf.

28. https：//blog. passkit. com/how – to – use – eddystone – url – and – what – is – meant – by – no – need – for – an – app/

29. Proximity Marketing in Retail Q1 2016 Report.

30. D. Molitor, P. Reichart, M. Spann, and A. Ghose, "Measuring the effectiveness of beacon – based mobile store – level promotions," working paper, New York University, 2016.

31. Proximity Marketing in Retail Q1 2016 Report.

32. http：//www. geomarketing. com/rite – aid – preps – one – of – the – largest – beacon – activations – across – all – 4600 – stores

33. http：//blog. beaconstac. com/2016/03/5 – location – based – marketing – technologies – agencies – should – leverage – in – 2016/

34. http：//www. geomarketing. com/macys – to – test – beacon – messages – outside – app – explore – retargeting

35. http：//streetfightmag. com/2015/12/22/10 – top – location – based – marketing – campaigns – of – 2015/

36. S. Daurer, D. Molitor, M. Spann, and P. Manchanda, "How, where, and when consumers search on mobile," working paper, Marketing Science Institute, 2016.

37. A. Ghose and S. P. Han, "An empirical analysis of user content generation and usage behavior on the mobile Internet," *Management Science* 57 (9), 2011：1671 – 1691.

38. https：//www. placeable. com/blog/post/geo – targeting – geo – conquesting/

第六章

1. http：//ftw. usatoday. com/2015/12/howard – cosell – john – lennon – monday – night – football – video

2. http：//www. newyorker. com/news/sporting – scene/baseball – and – bin – laden

3. SOASTA Survey：What App Do You Check First in the Morning? https：//www. soasta. com/press – releases/soasta – survey – what – app – do – you – check – first – in – the – morning/

4. http：//media – cmi. com/downloads/Sixty_Years_Daily_Newspaper_Circulation_Trends_050611. pdf

5. http：//www. statista. com/statistics/183422/paid – circulation – of – us – daily – newspapers – since – 1975/

6. http：//www. businessinsider. com/ad – viewability – is – a – major – problem – on – mobile – devices – 2016 – 4? IR = T

7. http：//uk. businessinsider. com/the – ad – viewability – problem – and – solutions – 2014 – 12

8. I. Chap，"How to master mobile advertising." http：//www. freshbusinessthinking. com/business_ advice. php? CID = 18&AID = 11090&PGI D = 1.

9. R. Deiss，"The best time of day for mobile ad campaigns." http：//drivingtraffic. com/the – best – time – of – day – for – mobile – ad –

campaigns.

10. "Cracking the emerging markets report," Upstream Systems. http://www.upstreamsystems.com

11. B. Baker, Z. Fang, and X. Luo, "Hour-by-hour sales impact of mobile advertising," working paper, Social Science Research Network, 2014.

12. eMarketer 2012. Mobile banners continue to boast high click rates. http://www.emarketer.com/Article/Mobile-Banners-Continue-Boast-High-Click-Rates/1009299

13. https://nclac.wordpress.com/2012/09/18/4228/

14. J. Engel and R. Blackwell, *Consumer Behavior* (Dryden, 1982).

15. V. S. Ramaswamy and S. Namakumari, *Marketing Management*, fourth edition (Macmillan India).

16. http://www.mobilemarketer.com/cms/news/software-technology/23049.html

17. J. Zhang and L. Krishnamurthi, "Customizing promotions in online stores," *Marketing Science* 23 (4), 2004: 561-578.

18. K. Stilley, J. Inman, and K. Wakefield, "Spending on the fly: Mental budgets, promotions, and spending behavior," *Journal of Marketing* 74 (3), 2010: 34-47.

19. P. Danaher, M. Smith, K. Ranasinghe, and T. Danaher, "Where, when, and how long: Factors that influence the redemption of mobile phone coupons," *Journal of Marketing Research* 52 (5),

2015: 710 - 725.

20. J. Inman and L. McAlister, "Do coupon expiration dates affect consumer behavior?" *Journal of Marketing Research* 31 (3), 1994: 423 - 428.

21. A. Mishra and H. Mishra, "We are what we consume: The influence of food consumption on impulsive choice," *Journal of Marketing Research* 47 (11), 2010: 1129 - 1137.

22. P. Kotler, *Marketing Management* (Prentice - Hall, 2002).

23. Z. Fang, B. Gu, X. Luo, and Y. Xu, "Contemporaneous and delayed sales impact of location based mobile promotions," *Information Systems Research* 26 (3), 2015: 552 - 564.

24. A. Ghose, A. Goldfarb, and S. Han, "How is the mobile Internet different? Search Costs and Local Activities," *Information Systems Research* 24 (3), 2013: 613 - 631.

25. N. Liberman and Y. Trope, "The psychology of transcending the here and now," *Science* 322 (5905), 2008: 1201 - 1205.

26. That experiment occurred over a three - day period during the last weekend of August 2012. They conducted the experiment in cooperation with an international chain of cinemas (IMAX theaters). For more information, see X. Luo, M. Andrews, Z. Fang, and C. Phang, "Mobile targeting," *Management Science* 60 (7), 2015: 1738 - 1756.

27. J. Zhang and L. Krishnamurthi, "Customizing promotions in online stores," *Marketing Science* 23 (4), 561 - 578.

28. Y. Trope and N. Liberman, "Construal – level theory of *psychological distance*," *Psychological Review* 117 (2), 2010: 440 – 463.

29. https: //en. wikipedia. org/wiki/AIDA_(marketing)

30. A. Ghose, P. Singh, and V. Todri, "Trade – offs in online advertising: Modeling and measuring advertising effectiveness and annoyance dynamics," working paper, New York University, 2016.

31. For a good framework in which to think about these kinds of choices for firms, see M. Andrews, J. Goehring, S. Hui, J. Pancras, and L. Thornswood, "Mobile promotions: A framework and research directions," *Journal of Interactive Marketing* 34, May 2016: 15 – 24.

第七章

1. A. Ghose and S. Yang, "An empirical analysis of search engine advertising: Sponsored search in electronic markets," *Management Science* 55 (10), 2009: 1605 – 1622.

2. A. Ghose, P. Ipeirotis, and B. Li, "Designing ranking systems for hotels on travel search engines by mining user – generated and crowd – sourced content," *Marketing Science* 31 (3), 2012: 493 – 520.

3. A. Ansari and C. Mela, "E – customization," *Journal of Marketing Research* 40 (2), 2003: 131 – 145.

4. http: //screenwerk. com/2015/05/11/data – suggest – that – local – intent – queries – nearly – half – of – all – search – volume/

5. https：//webmasters. googleblog. com/2016/11/mobile – first – indexing. html? m = 1

6. https：//searchenginewatch. com/sew/news/2395764/does –yelp – really – matter

7. A. Ghose，A. Goldfarb，and S. Han，"How is the mobile Internet different? Search costs and local activities，" *Information Systems Research* 24（3），2013：613 –631.

8. J. Nunamaker，L. Applegate，and B. Konsynski，"Facilitating group creativity：Experience with a group decision support system，" *Journal of Management Information Systems* 3（4），1987：5 – 19.

9. Scientists refer to this need to think harder as "cognitive load."

10. M. Chae and J. Kim，"Do size and structure matter to mobile users? An empirical study of the effects of screen size，information structure，and task complexity on user activities with standard Web phones，" *Behavior & Information Technology* 23（3），2004：165 – 181.

11. S. Sweeney and F. Crestani，"Effective search results summary size and device screen size：Is there a relationship?" *Information Processing Management* 42（4），2006：1056 – 1074.

12. M. J. Albers and L. Kim，"User Web browsing characteristics using palm handhelds for information retrieval，" in *Proceedings of IEEE Professional Communication Society International Professional Communication Conference and Proceedings of the* 18*th Annual ACM International Conference on Computer Documentation：Technology & Teamwork*

(IEEE, 2000).

13. H. Davison and C. Wickens, "Rotocraft hazard cueing: The effects on attention and trust," technical report ARL－99－5/NASA－99－1, University of Illinois Aviation Research Lab, 1999.

14. The users in the study chose 4,557 coupons. Based on the number of impressions (354,662), this translates to a click-rate of 1.28 percent. Group 3 (ranking by distance, but without distance information) had the highest CTR at 1.65 percent, whole Group 4 (ranking randomly, without distance information) had the lowest CTR. Regardless of the group, these CTRs are considerably higher than those of mobile banner ads, with range from 0.1 percent to 0.4 percent (eMarketer 2014b).

15. A. Ghose, P. Singh, and V. Todri, "Trade-offs in online advertising: Modeling and measuring advertising effectiveness and annoyance dynamics," working paper, New York University, 2016.

16. https://blog.kissmetrics.com/app－store－optimization/

第八章

1. http://www.wsj.com/articles/singapore－is－taking－the－smart－city－to－a－whole－new－level－1461550026

2. https://www.techinasia.com/singapore－advanced－surveillance－state－citizens－mind

3. Ibid.

4. R. Schmitt, "Density, health, and social disorganization," *Journal of the American Institute of Planners* 32 (1), 1966: 38 - 40.

5. J. Collette and S. D. Webb, "Urban density, household crowdedness and stress reactions," *Journal of Sociology* 12 (3), 1976: 184 - 191.

6. D. Sherrod, "Crowdedness, perceived control, and behavioral aftereffects," *Journal of Applied Social Psychology* 4 (2), 1974: 171 - 186.

7. W. Griffitt and R. Veitch, "Hot and crowded: Influence of population density and temperature on interpersonal affective behavior," *Journal of Personality and Social Psychology* 17 (1), 1971: 92 - 98.

8. P. Zimbardo, "The human choice: Individuation, reason, and order versus deindividuation, impulse, and chaos," in *Nebraska Symposium on Motivation* 1969, ed. W. Arnold and D. Levine (University of Nebraska Press).

9. M. Hui and J. Bateson," Perceived control and the effects of crowding and consumer choice on the service experience," *Journal of Consumer Research*, 18, 1991: 174 - 184.

10. J. Brehm, *A Theory of Psychological Reactance* (Academic Press, 1966); R. Wicklund, *Freedom and Reactance* (Erlbaum, 1974).

11. A. Maeng, R. Tanner, and D. Soman, "Conservative when crowded: Social crowdedness and consumer choice," *Journal of Marketing Research* 50 (6), 2013: 739 - 752.

12. G. Harrell, M. Hutt, and J. Anderson, "Path analysis of buyer behavior under conditions of crowdedness," *Journal of Marketing Research* 17 (1), 1980: 45 –51.

13. R. Sommer, "Personal space," in *Encyclopedia of Human Relationships*, ed. H. Reis and S. Sprecher (SAGE, 2009).

14. B. McKenzie and M. Rapino, Commuting in the United States: 2009, American Community Survey Reports (US Census Bureau, 2011).

15. http://web.mta.info/nyct/facts/ridership/

16. http://www.railway-technology.com/features/featurethe-worlds-top-10-busiest-metros-4433827/

17. These numbers represent total ridership, not just weekday ridership. But data from New York City show that ridership falls off significantly on Saturdays and is only half as high on Sundays as on weekdays. Thus, we assume that the vast majority of these rides take place on weekdays.

18. M. Flegenheimer, "Wi-Fi and cellphone service on subway trains? M. T. A. leader says it may happen," *New York Times*, September 17, 2013. http://www.nytimes.com/2013/09/18/nyregion/mta-plans-wi-fi-and-phone-service-on-subway-trains.html

19. http://www.msi.org/articles/crowded-subways-boost-mobile-ad-response/

20. M. Andrews, X. Luo, Z. Fang, and A. Ghose, "Mobile ad effectiveness: Hypercontextual targeting with crowdedness," *Marketing*

Science 35 (2), 2016: 218 -233.

21. http: //phys. org/news/2014 - 02 - hong - kong - metro - seats - scrapped. html

22. Of the 10, 690 mobile users who received a text message, 334 replied and purchased the promoted service.

23. D. Molitor, P. Reichart, M. Spann, and A. Ghose, "Measuring the effectiveness of location based advertising: A randomized field experiment," working paper, New York University, 2014.

24. The actual numbers per square meter were 1. 96, 4. 02, and 4. 97. I have rounded them to full integers for simplicity' s sake.

25. D. Stokols, "On the distinction between density and crowding: Some implications for future research," *Psychological Review* 79 (3), 1972: 275 -277.

26. S. Milgram, "The experience of living in cities," *Science* 167 (3924), 1970: 1461 -1468.

27. http: //www. msi. org/articles/crowded - subways - boost - mobile - ad - response/

28. G. Evans and R. Wener, "Crowdedness and personal space invasion on the train: Please don't make me sit in the middle," *Journal of Environmental Psychology* 27 (1), 2007: 90 -94.

29. http: //indianexpress. com/article/technology/tech - news - technology/googles - free - wi - fi - at - railway - stations - is - being - used - by -2 - mn - people - in - india - sundar - pichai -2942966/

30. R. Novaco, D. Stokols, and L. Milanesi, "Objective and subjective dimensions of travel impedance as determinants of commuting stress," *American Journal of Community Psychology* 18 (2), 1990: 231 –257; M. Schaeffer, S. Street, J. Singer, and A.

Baum, "Effects of control on the stress reactions of commuters," *Journal of Applied Social Psychology* 18 (11), 1988: 944 – 957; D. Kahneman, A. Krueger, D. Schkade, N. Schwarz, and A. Stone, "A survey method for characterizing daily life experience: The day reconstruction method," *Science* 306 (5702), 2004: 1776 –1780.

31. D. Molitor, P. Reichart, M. Spann, and A. Ghose, "Measuring the effectiveness of location based advertising: A randomized field experiment," working paper, New York University, 2014..

32. https://www.informs.org/About – INFORMS/News – Room/Press – Releases/Crowdedness – and – Mobile – Apps

33. eMarketer 2014.

第九章

1. http://www.imediaconnection.com/articles/ported – articles/red – dot – articles/2015/jan/the – next – phase – of – location – based – advertising/

2. R. Sen, Y. Lee, K. Jaayarajah, A. Mishra, and R. Balan, "GruMon: Fast and accurate group monitoring for heterogeneous urban

spaces," in *Proceedings of the 12th ACM Conference on Embedded Network Sensor Systems* (ACM, 2014).

3. Relevant references include the following: J. Howard, and J. Sheth, *The Theory of Buyer Behavior* (Wiley, 1969); D. Court, D. Elzinga, S. Mulder, and O. J. Vetvik, "The consumer decision journey," *McKinsey Quarterly*, June 2009.

4. J. Bettman, M. Luce, and J. Payne, "Constructive consumer choice processes," *Journal of Consumer Research* 25 (3), 1998: 187 –217.

5. J. Engel and R. Blackwell, *Consumer Behavior* (Dryden, 1982).

6. V. Ramaswamy and S. Namakumari, *Marketing Management*, fourth edition (Macmillan India).

7. A. Ghose, B. Li, and S. Liu, "Mobile targeting using customer trajectory patterns," working paper, New York University, 2016.

8. Mobile showrooming is the practice of searching for the best prices or reading reviews on your smartphone even as you shop in the brick – and – mortar world.

9. See http://lifehacker.com/how – retail – stores – track – you – using – your – smartphoneand – 827512308. The Times story, titled "Attention, shoppers: Store is tracking your cell," was published on July 14, 2013..

10. P. Underhill, *Why We Buy: The Science of Shopping* (Simon & Schuster, 1999).

11. http://minneanalytics.org/shoppers – on – the – move/

12. http：//www. latimes. com/business/la – fi – retail – heat – mapping – 20160923 – snap – story. html

13. https：//www. dlapiper. com/en/abudhabi/insights/publications/2016/04/law – a – la – mode – issue – 19/in – store – big – data – analytics/

14. http：//www. dispatch. com/content/stories/business/2015/11/09/tech – firm – uses – data – from – video – to – help – store – owners – drive – sales. html

15. https：//www. theguardian. com/technology/datablog/2014/jan/10/how – tracking – customers – in – store – will – soon – be – the – norm

16. L. Radaelli，D. Sabonis，H. Lu，and C. Jensen，"Identifying typical movements among indoor objects—Concepts and empirical study" presented at IEEE 14th International Conference on Mobile Data Management，2013.

17. http：//www. govtech. com/dc/articles/How – Can – Location – Based – Services – Overhaul – Local – Government. html

第十章

1. T. Mills，"Some hypotheses on small groups from Simmel，" *American Journal of Sociology* 63（6），1958：642 – 650.

2. R. Zajonc，"Social facilitation，" *Science* 149（3681），1965：

269 – 274.

3. S. Roper. and C. La Niece, "The importance of brands in the lunch – box choices of low – income British school children," *Journal of Consumer Behavior* 8 (2 – 3): 2009: 84 – 99.

4. X. Luo, "How does shopping with others influence impulsive purchasing?" *Journal of Consumer Psychology* 15 (4), 2005: 288 – 294.

5. K. Didem, J. Inman, and J. Argo, "The influence of friends on consumer spending: The role of agency—communion orientation and self – monitoring," *Journal of Marketing Research.* 48 (4), 2011: 741 – 754.

6. https: //blog. crew. co/secret – science – of – shopping/

7. M. Andrews, X. Luo, Z. Fang, and A. Ghose, "Mobile ad effectiveness: Hypercontextual targeting with crowdedness," *Marketing Science* 35 (2), 2016: 218 – 233.

8. D. Kollat and R. Willet, "Is impulse purchasing really a useful concept for marketing decisions?" *Journal of Marketing* 33 (1), 1969: 79 – 83.

9. R. Fisher and R. Simmons, "Smartphone interruptibility using density-weighted uncertainty sampling with reinforcement learning," in *Proceedings of the* 2011 10*th International Conference on Machine Learning and Applications and Workshops* (IEEE Computer Society, 2011).

10. Mills, "Some Hypotheses on Small Groups from Simmel."

11. A. Ghose, B. Li, and S. Liu, "Mobile advertising and real – time social dynamics: Evidence from a randomized field experiment,"

working paper, New York University, 2015.

12. A. Ghose, B. Li, and S. Liu, "Digitizing offline shopping behavior towards mobile marketing," in proceedings of 2015 International Conference on Information Systems, Fort Worth.

13. Ibid..

14. R. Hu and P. Pu, "Enhancing collaborative filtering systems with personality information," in *Proceedings of the Fifth ACM Conference on Recommender Systems* (ACM, 2011).

15. P. Rentfrow and S. Gosling, "The do re mi's of everyday life: The structure and personality correlates of music preferences," *Journal of Personality and Social Psychology* 84 (6), 2003: 1236 –1256.

16. C. –F. Lin, "Segmenting customer brand preference: Demographic or psychographic," *Journal of Product & Brand Management* 11 (4), 2002: 249 –268.

17. J. Chen, E. Haber, R. Kang, G. Hsieh, and J. Mahmud, "Making use of derived personality: The case of social media ad targeting," presented at Ninth International AAAI Conference on Web and Social Media.

18. H. Baumgartner, "Toward a personology of the consumer," *Journal of Consumer Research* 29 (2), 2002: 286 –292.

19. P. Adamopoulos, A. Ghose, and V. Todri, "Estimating the impact of user personality traits on word – of – mouth: Textmining microblogging platforms," working paper, New York University, 2016.

20. For example, on Twitter highly accurate results could be obtained from only about 364 tweets.

21. http://www.wsj.com/articles/startups-see-your-face-unmask-your-emotions-1422472398

22. http://www.latimes.com/business/la-fi-retail-heat-mapping-20160923-snap-story.html

第十一章

1. http://www.nytimes.com/1999/10/28/business/variable-price-coke-machinebeing-tested.html

2. http://www.ugamsolutions.com/blog/lessons-from-a-smart-vending-machine-when-is-it-ok-to-raise-prices

3. H. Simon, F. Bilstein, and F. Luby, *Manage for Profit, Not For Market Share: A Guide to Greater Profits in Highly Contested Markets* (Harvard Business School Press, 1996).

4. http://knowledge.wharton.upenn.edu/article/the-promise-and-perils-of-dynamic-pricing/

5. http://brettmcg.mlblogs.com/2014/10/02/quick-notes-on-the-weather/

6. http://adage.com/article/media/summer-tv-hits-misses/294330/

7. http://marketingland.com/seasonality-mobile-device-us-

age – warmer – weather – tempers – tech – 95937

8. M. Persinger and B. Levesque, "Geophysical variables and behavior: XII. The weather matrix accommodates large portions of variance of measured daily mood," *Perceptual and Motor Skills* 57 (3), 1983: 868 – 870.

9. D. Hirshleifer and T. Shumway, "Good day sunshine: Stock returns and the weather," *Journal of Finance* 58 (3), 2003: 1009 – 1032.

10. C. Li, A. Reinaker, C. Zhang, and X. Luo, "Weather and mobile purchases: 10 – million – user field study," working paper, Social Science Research Network, 2015.

11. J. Aaker and A. Lee, "Understanding regulatory fit," *Journal of Marketing Research* 43 (1), 2006: 15 – 19.

12. D. Molitor, P. Reichhart, and M. Spann, "Location – based advertising: Measuring the impact of context – specific factors on consumers' choice behavior," working paper, LMU Munich, 2014.

13. http: //adexchanger. com/mobile/adtheorent – ceo – why – weather – affects – mobile – ctr – rates/

14. https: //www. marketingweek. com/2014/02/05/how – the – weather – affects – marketing/

15. https: //www. marketingweek. com/2014/02/05/how – the – weather – affects – marketing/

16. http: //www. weatherunlocked. com/blog/2016/may/weather – targeting – for – adwords – the – ultimate – guide

17. http: //www. mmaglobal. com/case – study – hub/case_studies/view/31812

18. https: //www. marketingweek. com/2014/02/05/how – the – weather – affects – marketing/

19. http: //www. fastcompany. com/3015821/fast – feed/how – the – weather – channel – predicts – what – youll – buy

20. http: //www. psfk. com/2012/07/vending – machine – prices – change – by – temperature. html

21. http: //www. nber. org/papers/w18212. pdf? new_window = 1

22. http: //www. weather. gov/buf/lake1415_stormb. html

23. http: //oregonstate. edu/ua/ncs/archives/2002/dec/osu – program – nations – top – service – weather – channel – signs

24. K. Rosman, "Weather Channel now also forecasts what you'll buy," *Wall Street Journal*, August 14, 2013.

25. http: //www. weatherunlocked. com/blog/2016/may/weather – targeting – for – adwords – the – ultimate – guide.

26. C. Li, A. Reinaker, Z. Cheng, and X. Luo, "Weather and mobile purchases: 10 – million – user field study," working paper, Social Science Research Network, 2015.

27. http: //www. weatherunlocked. com/blog/2016/may/weather – targeting – for – adwords – the – ultimate – guide

28. https: //brain. do/blog/mobile – marketing – is – changing – with – the – weather/

第十二章

1. http://www.emarketer.com/Article/Tablet-Users-Surpass-1-Billion-Worldwide-2015/1011806

2. L. Einav, J. Levin, I. Popov, and N. Sundaresan, "Growth, adoption, and use of mobile E-commerce," *American Economic Review* 104 (5), 2014: 489-494.

3. http://marketingland.com/seasonality-mobile-device-usage-warmer-weather-tempers-tech-95937

4. D. Grewal, Y. Bart, M. Spann, and P. Zubcsek, "Mobile advertising: A framework and research agenda," *Journal of Interactive Marketing* 34, May 2016: 3-14.

5. Based on a conversation with Ramasubramaniya Raja and Anshuman Chaudhary.

6. P. Kannan, W. Reinartz, and P. Verhoef, "The path to purchase and attribution modeling: Introduction to special section." *International Journal of Research in Marketing* 33 (3), 2016: 449-456.

7. A. Ghose and V. Todri, "Toward a digital attribution model: Measuring the impact of display advertising on online consumer behavior," *MIS Quarterly* 40 (4), 2016: 889-910.

8. http://www.msi.org/reports/the-role-of-mobile-devices-in-the-online-customer-journey/

9. A. Ghose, A. Goldfarb, and S. Han, "How is the mobile Internet different? Search costs and local activities," *Information Systems Research* 24 (3), 2013: 613 -631.

10. G. Sterling, " Saying a third of mobile searches are local, Google brings ' promoted pins ' to maps. " http://searchengineland.com/saying-third-mobile-searches-local-google-brings-new-ads-maps-250278

11. http://www.adweek.com/news/technology/foursquares-potentially-game-changing-new-tool-can-measure-foot-traffic-generated-digital-ads-169785

12. http://www.adweek.com/news/technology/foursquares-potentially-game-changing-new-tool-can-measure-foot-traffic-generated-digital-ads-169785/

13. https://techcrunch.com/2016/02/22/attribution-by-foursquare/

14. http://www.businessinsider.com/comscore-begins-tracking-offline-foot-traffic-and-sales-2016-6? r=US&IR=T&IR=T

15. http://www.mobilemarketer.com/cms/news/advertising/23058.html

16. https://developers.facebook.com/docs/analytics/training

17. Grewal et al., "Mobile advertising: A framework and research agenda."

18. http://amobee.com/amobee-impact-mobile-ad-formats-

drive – consumer – engagement – rates/

19. For examples of native ads, see "Native advertising examples: 5 of the best (and worst)" at http://www.wordstream.com/blog/ws/2014/07/07/native – advertising – examples.

20. https://www.mobileads.com/blog/best – mobile – ad – formats – sizes – display – ad – campaigns/

21. http://www.wsj.com/articles/advertisers – try – new – tactics – to – break – through – to – consumers – 1466328601? mod = e2tw

22. http://adage.com/article/digitalnext/effective – native – ads – a – solution – ad – blockers/302476/

23. http://knowledge.wharton.upenn.edu/article/indias – leading – fashion – e – tailer – abandoned – app – strategy/

24. http://blog.adspruce.com/how – mobile – web – beats – mobile – app/

25. https://www.clickz.com/m – commerce – has – the – mobile – web – finally – won/103284/

26. https://www.clickz.com/m – commerce – has – the – mobile – web – finally – won/103284/, 2016.

27. S. Aral and P. Dhillon, "Digital paywall design: Effects on subscription rates and cross – channel demand," working paper, Massachusetts Institute of Technology, 2016..

28. http://www.inmobi.com/blog/2016/02/18/the – marketers – dilemma – mobile – web – vs – app

29. https：//blog. appboy. com/deep – linking – can – double – conversion – increase – retention – boost – engagement/

30. T. Sun，L. Shi，S. Viswanathan，and E. Zheleva，“Motivating mobile app adoption：Evidence from a randomized field experiment，” working paper，University of Maryland，2016.

31. L. Odden，“B2B Mobile Marketing for Demand Generation? Yes! Examples and Quick Tips.” http：//www. toprankblog. com/2015/07/b2b – mobile – marketing/

32. http：//www. emarketer. com/Report/Six – B2B – Mobile – Marketing – Trends – 2016 – With – More – Mobile – Workplace – Budgets – Tactics – Must – Follow/2001718

33. P. Hendrix，The Engagement Stack. http：//knowledge. brandify. com/theengagement – stack/

第十三章

1. http：//www. nytimes. com/2016/08/03/technology/china – mobile – tech – innovation – silicon – valley. html

2. George S. Yip and Bruce McKern，*China's Next Strategic Advantage：From Imitation to Innovation*（MIT Press，2016）.

第十四章

1. Y. Dang，A. Ghose，X. Guo，and B. Li，“Empowering pa-

tients with diabetes using smart mobile health platform: Evidence from a randomized trial," working paper, New York University, 2016.

2. http://www.digitaltrends.com/wearables/smart-clothing-is-the-future-of-wearables/

3. http://news.wgbh.org/post/watch-new-tool-analyzes-your-facial-expressions

4. https://techcrunch.com/2016/05/25/affectiva-raises-14-million-to-bring-apps-robots-emotional-intelligence/

5. http://www.wsj.com/articles/startups-see-your-face-unmask-your-emotions-1422472398

6. http://mobilemarketingmagazine.com/samsung-warns-smart-tvs-may-snoop-on-your-conversations/

7. http://www.wsj.com/articles/if-your-teacher-sounds-like-a-robot-you-might-be-on-to-something-1462546621

8. http://www.mindshareworld.com/ireland/news/facebook-chatbots-and-future-messaging-apps

9. http://wearesocial.com/uk/blog/2016/03/the-messaging-app-market-and-its-future-potential

10. http://www.cmo.com/features/articles/2015/2/26/five_innovative_mobi.html

11. http://wearesocial.com/uk/blog/2016/03/the-messaging-app-market-and-its-future-potential

12. http://www.nytimes.com/2016/08/03/technology/china-

mobile – tech – innovation – silicon – valley. html.

13. http：//thenextweb. com/asia/2014/05/30/brands – can – now – set – up – shop – inside – chinese – messaging – app – wechat/#gref

14. http：//technode. com/2016/09/22/wechats – app – within – app – free – last – endless – installing – deleting/

15. http：//www. wsj. com/articles/the – future – of – texting – e – commerce – 1451951064

16. http：//www. mindshareworld. com/ireland/news/facebook – chatbots – and – future – messaging – apps

17. http：//www. mobilemarketer. com/cms/news/research/23127. html

18. http：//www. thedrum. com/news/2016/01/11/smartest – way – forward – marketers – smart – home

19. https：//www. theinformation. com/apple – opening – siri – developing – echo – rival

20. D. Hoffman and T. Novak, "Emergent experience and the connected consumer in the smart home assemblage and the Internet of Things," working paper, Social Science Research Network, 2015.

21. http：//mobilemarketingmagazine. com/97761 – 2/

22. http：//www. theverge. com/2016/1/5/10711914/ford – smart – home – connectivity

23. http：//mashable. com/2016/07/06/volkswagen – lg – connected – car – agreement/#5zinx7Naimq4

24. http：//mobilemarketingmagazine. com/97761 –2/

25. http：//www. smartinsights. com/mobile – marketing/5 – mobile – marketing – trends – that – will – rule – in –2016/

26. http：//www. inc. com/walter – chen/pok – mon – go – is – driving – insane – amounts – of – sales – at – small – local – businesses – here – s – h. html

27. http：//adage. com/article/digital/sponsored – locations – coming – pok – mon – a – cost – visit – basis/304952/

后 记

1. Pebble has developed a service called “the Concierge” whereby users can get anything they want simply by talking to the service. This voice interface is instrumental in enhancing the overall experience of its users with wearable technology.

2. The Federal Bureau of Investigation wanted Apple to create new software that would enable the FBI to unlock an iPhone 5C it had recovered from one of the shooters in the December 2015 terrorist attack in San Bernardino， California.

3. http：//www. wsj. com/articles/apples – new – tech – will – peek – at – user – habits – without – violating – privacy – 1466069400

4. http：//www. techinsider. io/apple – is – beefing – up – artificial – intelligence –2016 –5

5. https://www.bostonglobe.com/arts/2016/06/05/why-our-location-histories-are-glimpse-into-future/OqFyyVTy1sWWBJRDguvX5K/story.html

6. http://newsroom.fb.com/news/2014/06/making-ads-better-and-giving-people-more-control-over-the-ads-they-see/

7. http://www.aboutads.info/choices/

8. https://www.bostonglobe.com/arts/2016/06/05/why-our-location-histories-are-glimpse-into-future/OqFyyVTy1sWWBJRDguvX5K/story.html

9. http://crackberry.com/emergency-why-cellular-data-better-voice

10. http://pilipinas911.com/main/

11. http://www.statista.com/statistics/274774/forecast-of-mobile-phone-users-worldwide/

12. http://www.rmai.in/ejournal/national-international-trend/5-how-smartphones-are-penetrating-deeper-in-rural-india

13. S. Cole and A. Fernando, "Mobile' izing agricultural advice: Technology adoption, diffusion and sustainability," working paper, Harvard Business School, 2016.

14. http://www.strategy-business.com/article/14196?gko=72c80

15. R. Reich, *The Future of Success: Working and Living in the New Economy* (Vintage, 2002).

16. http://www.bbc.com/news/science-environment-31450389

17. http：//www. forbes. com/sites/jaysondemers/2014/02/10/2014 – is – the – year – of – digital – marketing – analytics – what – it – means – for – your – company/#1b0494806619

18. http：//www. wsj. com/articles/can – you – sue – the – boss – for – making – you – answer – late – night – email – 1432144188

19. http：//www. emarketer. com/Report/Six – B2B – Mobile – Marketing – Trends – 2016 – With – More – Mobile – Workplace – Budgets – Tactics – Must – Follow/2001718